Mármol

Kindle Direct Publishing

# MÁRMOL

Diana Geele

Dedicado a las
personas que siguen buscando
cómo explicar lo que sienten.


A mi madre por la vida,

a los amores que inspiraron,

a los amigos que confiaron,

a mí por hacer algo con ello,

pero sobre todo a ti, por creer.

Siempre estoy intentando

no lastimar a las personas

con lo que siento.

# PRIMAVERA

"Nos plantamos tantos besos que

hicimos de nuestros cuerpos un jardín"

## Tal vez es metáfora

En mi cama pienso,

leo,

escribo,

lloro,

rezo,

duermo... sueño.

Mi cama es un lugar tan íntimo
que ni siquiera a un amigo
que viene a visitarme quiero otorgársela.

Y tú te acostaste en ella,
en mis sábanas favoritas
sin saber que eras la única persona
que quería que estuviera ahí
además de mí.

Así cuando volviera a dormir
recordaría que tú estuviste aquí
y te sentiría a mi lado cada noche
imaginando la hendidura
que hace tu silueta,

soñando con tus ojos cerrados

y tu rostro de lado,

así como deseaba que tú

al dormir aquí

trataras de descifrar mi postura al dormir,

de encontrar el olor de mi cabello

y de sentir tu piel rozando

en el lugar donde siempre te extrañaba;

era como si durmiéramos juntos,

pero cuando llegó la mañana tú sólo dijiste

que mi habitación era muy oscura

y que querías una aspirina.

Busqué en tus ojos una caricia

o en tus manos una confidencia,

pero tú sólo tenías prisa.

Estoy segura que no tienes idea

de lo mucho que significó para mí

que durmieras en mi cama aquella noche

porque desde entonces

te fuiste con mis deseos en tu maleta

y no sé qué hagas con ellos,

pero yo sigo aquí acostada,

buscando rastros míos.

Mi cama ya no es la misma,

las sábanas se sienten sucias,

tu olor se mezcló con mi dolor.

mi cuarto, mi alma,

se sintió como habitación de motel.

Tal vez nunca pudiste ver más allá

a través de la cama,

de las sábanas,

de mí.

Sin embargo, ahora,

sólo quiero entregar este colchón

–así como mis labios y mi amor–

a alguien más,

para dejar de sentir

que siguen siendo tuyos.

## Por eso es fácil

No es cuando me miras,

es cuando miras las aves.

No es cuando me tomas de la mano,

es cuando juegas con tus manos.

No es cuando admiras mi vestido,

es cuando admiras el paisaje.

No anhelo tus caricias,

yo anhelo oír hablar lo nuevo que aprendiste.

No te pido que me prometas amor,

te pido que me digas qué opinas hoy del cielo.

No necesito el sol,

necesito lo que piensas cuando llega la noche.

No me encariño de tus manos,

yo me encariño de tus anécdotas.

No me derrito cuando me besas el cuello,

yo me derrito cuando cantas en voz alta.

No extraño ni tu boca ni tu lengua,

extraño que me hables de música y poesía.

No es tu piel,

es tu atención.

No sueño con tus besos,

sueño con tu risa.

No quiero tu deseo,

quiero tu ternura.

No te quiero cuando me dices *bonita*,

yo te quiero cuando me cuentas tu día.

No me da escalofríos cuando

me quitas la blusa,

me da escalofríos cuando me quitas el miedo.

No te amé cuando me dijiste te amo,

te amé cuando me leíste aquel cuento

que escribiste.

No soy tuya cuando me desnudas,

soy tuya cuando te escribo una carta.

Yo no te dije te amo cuando te besé,

te dije te amo cuando te mire al irme

desde el autobús.

Yo no te lloro cuando te vas,

yo te lloro cuando cantas.

Yo no te amo cuando me amas,

yo te amo cuando eres tú.

## Propia

Tú que siempre estás sintiendo
mi melancolía y mi liviandad,
aguantándome.
Y de repente te cuido.

Te hace falta tacto sin comezón,
agua sin jabón y luz sin sol.

Siempre aguantándome, aguantándote
las ganas de ser moldeada, vista, apreciada.

Siempre estás aquí y parece que te olvido,
te cuelgas de donde puedes y nos arrastro.

Esto que otro busca
y yo lo arrojo como ropa sucia.
Que te arrugas y no te cuelgo.
Te tiro sobre la cama sin cuidado.
Esto que no es esto,
es mío y no lo toco, apenas lo miro de reojo.

No sé si me da miedo que te adquieran
o al contrario, te desprecien.

Me pertenezco
y sin embargo me escondo como hurtada.

Nadie te conoce realmente,
y creo que te conocen más que yo,
porque parecen quererte más que yo
cuando te persiguen y yo te huyo.

Sin la sonrisa creo que me malentienden
y me gusta que me entiendan.

Mi mano vacía y mi piel tan seca.
Mis dedos tienen bultos y mi vientre agujeros.

Es mío y no está conmigo,
porque lo alejo, lo descuido y lo juzgo.

Te juzgo porque eres libre.
Es propio y lo trato como ajeno.

Te desconozco
hasta hacerte sentir solo.
Y a veces te expongo
hasta obligarte a sentirte amado.

Cuerpo desvelado, malpasado y compactado.

Exigiendo el amor que no recoge,

que me grita con calor y me escupe por la nariz.

Con tanto ruido olvido lo que haces en silencio,

tal vez si lo viera sería menos ingrata.

Otra vez te ruego, mantenme en pie un día más,

aunque no lo merezca.

Tú, huesos, piel, cabellos, ojos,

cuello, hombros, codos, nalgas,

pubis, rodillas, tendones, sangre,

pulmones, vísceras, uñas y calor.

Sorprendentemente todavía me mantienes recta,

me haces correr una vuelta más,

retener más presión,

estirar y brincar más lejos;

me haces sentir el ardor de estar vivo.

Te recuerdo sólo cuando haces falta.

Recuerdo que te tengo hasta que me dueles,

hasta que gritas, hasta que lloras.

Y te concibo promesas que

se disipan con el tiempo,

me recuesto sobre las palabras,

tanto que hasta parece más fácil abandonarme

que quererme.

No quiero que te diluyas

como poza al día,

quiero que fluyas hasta convertirte en mar.

Esto a ti,

como recuerdo de tu poder

y de mi egoísmo.

No me dejes como yo lo he hecho,

quédate a vernos,

quédate a quererme,

hasta que consiga aprender a amar como tú.

## Mar y Lluvia

Tú eres lluvia y yo soy mar.

No te necesito, estoy llena.
Sin embargo cuando caes sobre mí
es como desbordarme,
te abres espacio entre mis corrientes
y llenas los huecos que tú mismo creas.

Sólo tú puedes hacer que el mar crezca.
¿Cómo se pude llenar lo que ya está lleno?
Tú no me mojas, soy agua,
pero me colmas, me rebasas.

Vienes abriendo caminos que no existían,
provocando mareas desmedidas.

Cuando estás
termino sintiéndome perpetua,
porque con la lluvia sobre el mar,
la marea es más divertida
y la brisa es más fresca.

Tú eres lluvia,

llegas y te vas,

las despedidas se te dan.

Sabes hablar y simpatizar,

haces música al caer.

A veces cuando tienes luz

me baño de tus colores,

otras veces, en las noches

aún evoco tus relámpagos.

Yo soy mar,

nunca me voy,

soy un constante vaivén.

Sé abrazar y consolar,

hago poesía al volver.

Doy calma al estar

pero me gusta enloquecer,

gritar, girar, sumergir.

Yo puedo ser una fiesta tanto como un desastre.

Te puedo volcar y ahogar

o empapar y hacer reír.

Soy las vacaciones y el trabajo,
la paz y el terror.

Tú me haces alcanzar las rocas más altas.
Y yo te hago conocer el fondo de la arena.

Tú puedes hacer reír y hacer llorar
Consigues oírte tan alegre
y a veces tan abatido.

Eres la diversión y la melancolía
en uno mismo.

Estás como para bailar afuera,
así como para dormir en casa.

La lluvia hace que el mar llore,
el mar hace que la lluvia nade.

Tu voz enmudece al viento.
Eres la lluvia que borra
los pasos de la arena que yo no alcanzo.
Lesionas sin avisar,
mientras mi advertencia se escucha
a la distancia.

Lluvia y mar, tan distintos y contiguos.

Pintamos una escena que pocos

han siquiera matizado.

Si no funcionaran no pasarían.

Hacemos ritmo.

Sé que sólo somos agua, pero juntos

somos cada gota.

Con la lluvia, el mar se puede medir en gotas.

Y con el mar, la lluvia se puede medir en olas.

La lluvia y el mar

son excelentes bailarines

que navegan solitarios a distintos tiempos.

Pero cuando danzamos juntos

somos el agua que al juntarse

olvidan su propósito.

Bésame

y démosle un nuevo sentido al oriente.

Tú me conectas al cielo.

Yo soy de aquí y tú vienes de allá,

tú eres lluvia y yo soy mar.

Cuando tú me encuentras, me pierdo.

Contigo estoy aún menos quieta.

No puedo esconderme de ti.

Sólo aún me pregunto si el mar lleva a la lluvia

o la lluvia lleva al mar.

Tal vez ni siquiera importa,

porque ambos somos agua sola.

Contigo siento que me derramo,

y de ser mar

me vuelvo río,

desembocado,

ya no cíclico.

Y si me dejo correr,

ya no vuelvo.

## Ellos bailaban

Se vieron, ella se giró pero él la siguió mirando
hasta que ella tuviera que notarlo
y cuando por fin lo hizo,
jamás pudo dejar de verlo otra vez,
lo veía dormida, en los ruidos, en las pausas,
en los huecos, en el cielo, en el suelo,
incluso en donde no había nada,
y le encantó,
él no lo ocultaba, ella trataba
pero al final siempre sonreía.

Les encantaba verse, tocarse, escucharse,
actuaban como si fueran los únicos seres vivos.

Él la hacía reír y ella lo hacía escribir,
él no comía sin ella y ella sólo comía para él.

No paraban de caminar,
porque nunca tuvieron planes,
él la arrullaba y ella no lo despertaba.

Sinfín de veces se vieron muy tontos,
pero no lo sabían, no notaban nada
cuando se tomaban de la mano.

Ellos no sólo se querían,
se enseñaron a bailar,
él aprendió a perdonarse
y ella aprendió a liberarse;

Ella lo amó hasta donde pudo,
hasta donde llegó antes de irse,
él le ayudó con las maletas, porque
también la amaba.

Se besaron durante tres canciones, ella lloró
en sus labios como nunca y se preguntó
si él lo notó.

No existió despedida más larga,
no dejaban de hablar
y no sabían si reír más fuerte
o llorar más bajo.

Se vieron juntos una vez más

antes de cerrar los ojos,

pero ninguno durmió esa noche.

Un día él le escribió en un árbol,

luego ella a él,

no  pueden estar seguros si se leen

pero desde entonces

no dejan de revisar los troncos en las calles.

Se extrañan a medias, porque no se han ido.

Pobres de ellos, son afortunados.

Es difícil decidir quién quiere más al otro,

pero les queda mucho por saber,

yo ahora sólo sé que,

después de ellos,

bailar

es mi definición de amor.

### Recuerdo de amor

Detrás de un recuerdo, hay un día entero
lleno de nosotros,
que me recuerda cuánto tiempo me hace falta,
porque he compartido todo contigo,
hasta lo que no tengo
y nunca es suficiente.

No cabes en un día, en toda una noche,
en una semana completa viéndote,
en dos años queriéndote,
ni en una vida entera de todo.

Siempre falta,
porque ni todo el tiempo que existe
alcanza para amarte como quiero.

## Futuro

Todo este tiempo creí
que no habíamos hecho planes
por miedo al futuro,
por cobardes,
que quizá éramos muy jóvenes,
incluso pensé que porque no te amaba tanto.

Pero hoy, cuando tomé tu mano,
he recordado por qué,
y es que cuando estoy contigo,
no quisiera estar en otro lado que no sea
este preciso momento.

## Darme

Sé que no puedo desaparecerte, no puedo dejar de darte espacio en un lugar donde has estado tanto. Y es por eso que he llegado a un trato con tu recuerdo, te estoy dando cierta cantidad de tiempo al día para pensarte, me permito soltarte a ratos a que corras por donde quieras y así dejes de rascar dentro de mí, hasta hacerme sangrar.

Mira que te estoy dando 2 minutos en la mañana para recordarte el rostro, elijo si despierto o dormido mientras decido levantarme, luego 40 segundos cuando veo mi cuerpo al vestirme mientras recuerdo cómo se veía el tuyo, aproximadamente 5 segundos mientras me pongo los zapatos porque te evoco en mis pies, te doy 1 minuto entero cuando veo algo gracioso para imaginar cómo reirías, también te doy 1 minuto entre cada capítulo de mi libro para imaginar cómo te platicaría de él y poder leer sin que me distraigas, te doy 10 segundos cada que pruebo alguna comida nueva que quisiera que probaras, te doy alrededor de 3 minutos mientras me baño porque siempre vienes a mí con el agua caliente, 30 segundos cuando bailo sola, 5 segundos si acaricio al gato, 3 segundos si como una guayaba, 2 segundos si me pinto porque te apareces en mis ojos, te doy 3 minutos de lo que dura una canción mientras viajo en metro, se acumulan 4 minutos cuando miro a la ventana y te imagino afuera siguiendo el autobús, 20 segundos cuando paso por un puente y nos veo bailando debajo de él, llegan a ser 3 minutos si camino por una plaza inventando cómo irías a mi lado, te doy 2 minutos si veo una guitarra casi oyendo cómo la tocas, 5 segundos si veo una plumilla acordándome de la que me diste que aún guardo, 20 segundos si escucho música en vivo porque tú me hiciste amarla, 30 segundos si miro las jacarandas de las que tanto me hablaste y nunca pude ver contigo, 2 segundos si veo un chapulín, 10 segundos si veo un papalote y recuerdo que hice uno sólo para volarlo contigo, 3 segundos si alguien dice gravy, 4 segundos cuando veo cheetos naranjas, es todo 1 minuto cuando pasó por un buffet y recuerdo que nos ahogamos de comida y aun así pedimos postre porque era gratis, 13 segundos cuando me topo con el tonto paraguas que me diste como disculpa por aquella pelea, 5 segundos si veo pantalones holgados porque recuerdo que ya no los usas, pasan 20 segundos si me distraigo en clase pensando qué haces, si llueve pueden ser 3 minutos, 4 minutos dispersos si veo una película que quisiera ver contigo, 4 minutos contiguos si escucho a Jaime Sabines y recuerdo "Los amorosos", cuando ceno suele ser 1 minuto, que más que darte, te robas, te doy 15 segundos mientras me lavo los dientes, 20 segundos si me miro al espejo, 10 segundos si escucho grillos, 11 segundos si veo un pájaro café. Y cada que rio, te doy 1 segundo intacto para acordarme que te extraño. Haciendo suma me parece una buena cantidad de tiempo por día, y aunque a veces dé más o dé menos, no paro de darte. Y aun así, siempre vuelves en la noche a quitarme 2 horas antes de dormir, haciéndome que suelte un suspiro con voz para pedirte que te calles, que dejes de rascar, que me dejes descansar, que ya no puedo sangrar. Y como si no fuera suficiente a veces al dormir todavía te sueño. Ya nada es mío, todo me lleva a ti, hasta mis pies. Confío en que poco a poco te irás desvaneciendo y con suerte llegue al día en que nada me recuerde a ti o incluso lo olvide y que entonces yo tenga que ir a buscar algo para poder mirarte de nuevo en mi mente, que yo misma tenga que ir a buscarte entre los recuerdos, con la excusa de que por fin te has ido y me hace falta tiempo de ti, pero por ahora es momento de darme 8 minutos de poesía para quererte.

### Hoy un chico intentó besarme

Hoy un chico intentó besarme y lo único
que pude hacer fue pensar en ti.

Porque cuando sentí su mano rozando mi brazo
recordé la primera vez que fuimos al cine,
aquella vez que tocamos nuestros
labios sin besarnos y la primera vez que
fui testigo de tu entusiasta manera comer.

Luego al sentir cómo se acercaba lentamente a
mi rostro me hizo acordarme de aquellos
furtivos nervios que sentía al tenerte cerca, me
acordé de nuestros chistes durante la película y
de la primera vez que oí tu risa unida a la mía.

En seguida cuando lo vi cerrar sus ojos frente a
mí pensé en los aterradores azares de la noche y
cómo a tu lado no me importaba dejar el mundo
entero morir afuera si con eso podía conversar
otro minuto contigo.

Al final, cuando percibí ya sus labios en
dirección a los míos… quise llorar, me asusté,

porque fue con su cercanía que concebí tu lejanía, y surgió el recuerdo dormido que tenía de tu mirada, desencadenando las imágenes olvidadas que tenía de galería, volvió a mí la sensación de tus herméticos ojos y tus francos labios que sin duda sabían llenarme, recordé mis manos sobre tu rostro y la sensación de poder abarcarte entero entre mis dedos.

Entonces antes de que él pudiera tocarme, volteé la cara, aterrada por la idea de tu compañía, al hallar lo excepcional que la sentía y por fin reconocer la falta que me hacía.

Mientras le explicaba a aquel maravillo chico lo que sentía, me daba cuenta de lo que significaba tu presencia, de la manera en que llenaba lugares vacíos y vaciaba dudas atascadas.

Me di cuenta que, en los segundos en que él tardo en acercarse a mí, yo repasé todo lo que amaba de ti, y en la distancia a la que él se quedó de mi boca, cabía toda nuestra historia.

Hoy un chico intentó besarme y a pesar de todo, de mis labios sí obtuvo amor, terminó escuchándome hablar de ti.

## Ráfagas

Ráfagas de deseos que los pensamientos
detienen, los silencian con creencias en
dicotomía. Sin embargo, hay un momento de
gloria donde desaparecen y encuentras algo, no
sabes qué, pero lo hallas… y se escapa. Miraba
arriba pensando de lado, pensando a 200
kilómetros de distancia, sintiendo detrás de mis
ojos y aparecieron: ráfagas de deseos detenidos,
callados, reprimidos, aplastados, escondidos
por pensamientos. Casi las atrapo.

## Te vi

Tantas maravillas por las cuales
podría reconocerte,
tu voz,
tu cabello,
tu estatura,
tus piernas,
tu espalda,
tu esencia,
tu luz.
¿Quién pensaría que te reconocería por
tus zapatos? Esos enormes tenis negros que no
logro olvidar.

Después distinguí la mochila, aquella que te
obsequié en el último cumpleaños.
Tu corte no se veía igual pero seguía
reconociendo los giros de tu cabello,
te veías… completo.

Ya no conseguí apreciar la música frente a mí,
todos mis sentidos se habían prendido de ti.
Me quedé mirándote escondida tras un pilar,

de lejos aprendiendo a besarte con mis ojos.

Ni siquiera pensé en acercarme,

sólo quería mirarte,

aunque fuera egoísta no darte

el mismo gusto de vuelta.

Mientras me alejaba del lugar,

justo como siempre hago, volteé atrás

una vez más

y entonces *te vi*,

golpeando tus palmas contra tus piernas

al ritmo de la música,

justo como hacías siempre…

y fue en ese instante

donde por primera vez,

me perdí

entre el amor y el tiempo.

Y no pude evitar soltar una sonrisa que

en realidad lloraba,

porque estabas ahí

pero ya no podía estar yo.

Me detuve a mirarte un poco más,

para imaginarme que estaba a tu lado

de tu mano,

imaginando una vida donde nunca me fui,

donde nunca te dejé,

una donde nunca me arrebaté yo misma

el amor de las manos.

Pero al final,

estabas ahí...

completo,

propio,

v i v o ;

entonces las lágrimas rodearon mis mejillas

cuando sonreí.

Para cuando por fin recordé cómo era respirar,

al irme estaba tan feliz

que me di cuenta que eso era

todo lo que necesitaba, verte,

aunque fueran sólo cuatro minutos,

aunque fuera entre tanta gente,

aunque fuera sólo tu nuca,

verte siendo tú una vez más,

me haría durar lleno el corazón

otra estación más,

o al menos un día más,

pero duró apenas una noche

porque ahora estoy aquí

parada frente a tu puerta

a punto de tocar.

## Meses como horas

Estoy tan acostumbrada a tu presencia, que no
es raro que toques mis tobillos o huelas mi
cabello, que caminemos en sincronía es natural,
que nos quitemos los zapatos es casi un ritual.
Nos besamos como siempre y nos reímos de lo
mismo, es como si mi piel tuviera hoyos donde
encajan tus manos, como si mi cuerpo tuvieras
marcas que ya conocieras. Nuestros dedos se
ajustan como legos, nuestros pies se encuentran
como mar con arena y nuestras voces se
reconocen como si fueran la misma nota. Tus
ojos me son conocidos, tus labios no saben
distinto, seguimos pensando lo mismo.

Es como si nunca nos hubiéramos ido, como si
únicamente hubiera pasado un día y sólo
estuviéramos contándonos lo que hicimos el día
de ayer.

### ¿Tenemos tiempo?

Porque siento que justo ahora
me estoy perdiendo del jueves de tus labios,
del febrero de tus manos,
del año de tu vida.

¿Qué es un año?
¿Cuánto eres tú?
¿Dónde acabas?

Preguntas que no podría resolver
en este jueves de febrero del año,
pero son preguntas que se podrían olvidar
con tus manos sobre mis labios,
con tu vida sobre mi tiempo.

## Otra vez

Otra vez el día, la tarde y el amor contigo.
¿Bailar desnudos en la azotea
cuenta como hacer el amor?

No te atrevas a decir que fue la noche
porque la bebida era una excusa
y el cigarro apenas un retraso.

Manos nómadas,
corazones sedentarios.

Un amor que no se habla,
porque se canta y se recita.

Cántame hasta que ya no me hagas llorar.
Y abrázame hasta que olvides cómo se hace.
Despídete tanto que ya vengas de regreso.

Enséñame todos los puentes que te asustan
que yo contigo
siempre me he sentido en la azotea.

Por favor que amarte cuente como amarme.

No necesitamos besarnos para
llevarnos nuestros labios a casa.

Tú cabes en un roce de rodillas
y yo no quepo en un mar
cuando te oigo cantar.

Sólo vernos hace
que el compás del corazón reaparezca.
Pasan apenas diez minutos
para que a mis pies se les caiga la ropa
y a mi mente se le caigan las dudas.

Y en otros veinte minutos mi cabello se vuelve
agua por donde tus manos se mojan,
vuelvo lienzo mi piel
sólo para que tu nariz sea pincel,
hago mis hombros montañas,
mi piernas senderos,
y tu risa el timbre que anuncia
que he llegado a casa.
Desprendo mis labios
que se han vuelto colibríes
que no saben quedarse quietos

y a mis ojos les crecen flores
que regaré con tu despedida.

¿Qué le dirá tu hombro al mío
cuando se encuentran caminando juntos?

¿Qué le confesará nuestro aliento al amor?

¿Qué le reclamará el suelo a nuestro aire?

Respirarnos y exhalar amor,
eso somos y eso hacemos.

Sácame la ropa a pura poesía
y ponme de rodillas a pura risa,
que tú bien sabes cómo traerme de vuelta.

Da consuelo que después de tantos pasos
no se nos ha olvidado
cómo ser nosotros mismos
y después de tantos labios
no se nos olvide cómo sabe el amor.

## La diferencia

La diferencia entre tú y los demás
es que tienes lo mismo que todos
pero distinto.

La diferencia entre tú y los demás
está en mi pecho que late distinto.

La diferencia entre tú y los demás
soy yo,
que te miro distinto.

**Soy una flecha**

Una flecha que sólo espera,
nunca dispara.

Sólo observa
esperando que haya más luz para ver,
pero vuelve a anochecer
y cada noche hace más frío
y la madera se está mojando.

Y no disparo.

La flecha se está doblando.

     La flecha,

        la flecha.

           Estoy estancada.


        He roto el arco para no irme.

# VERANO

"Los besos que me plantaste

siguen echando raíces"

## Entre más

Mientras más conozco a las personas,
más te echo de menos.

Sé que está mal pero
no dejo de notar lo que les falta a los demás,
porque entre más los escucho hablar
más maravillosa se vuelve tu voz.

Muchas veces siento terror
cuando alguien me mira
y no baila como tú,
cuando alguien me abraza y no huele a ti,
cuando alguien me canta y no eres tú.

Y no es mi decisión, intento, pero
entre más trato de mirar los labios de otros,
más recuerdo los tuyos.

Incluso me hace rabiar
cuando alguien me intenta elogiar
y no tiene tu simpatía, tu astucia o tu esencia.

Me incomoda que me pregunten sobre amor
porque siempre termino hablando de ti.

Aborrezco que quiero contarte
cada cosa nueva que aprendo.

También me desalienta
contar un buen chiste sin que estés.

Te necesito más cuando convivo con los demás
porque se siente incompleto.

Entre más tengo, más faltas.

Mientras más toco las manos de alguien,
más pienso en las tuyas:
tus dedos redondos, tus uñas cortas
y tus yemas llenas de historias.

Entre más me hablan sobre ellos,
más me pregunto sobre ti.

Mientras más me acerco a alguien,
más sueño contigo.

Por eso ya no salgo,

porque cada día le encuentro al mundo

un lugar que podrías completar.

Así que no,

no debería salir a conocer más personas,

porque entre más lo hago

más te quiero a ti de vuelta.

### ¿Me estás viendo, cielo?

Me gusta estar enamorada del cielo porque resistir se vuelve justo al ser por un buen motivo. Al menos me enamoré del cielo y no de cualquier techo.

Incluso puede doler más, comparado a lo que te quiero. Y duele, duele de una manera que comprendo. Merece el dolor que salvó tantas veces, pero ¿por qué quererte duele? ¿Por qué querernos arde?

Hablas con tanta tranquilidad y tus palabras son sabias mientras que tus acciones son tontas; y yo termino amando ambas. Y tú me quieres tanto que no lo creo y aun así siento que yo te quiero el doble. Además ¿quién no sonríe sabiendo que el cielo le mira?

Quiero que veas que soy feliz en el desierto y que no necesito el mar, pero tal vez tú estás nadando y yo no me atrevo ni a mojar los pies, no aún.

Me escondo a respirar bajo la mesa y salgo sólo para que me veas, ¿me estás viendo, cielo?

A veces cuido mis acciones, al menos está justificado y está bien que duela, ¿verdad? No cualquiera vive tranquilo sabiendo que tuvo el cielo y lo soltó, sabiendo además que el cielo le ama de vuelta, al menos así tiene sentido que duela tanto, que importe tanto.

Quisiera que fueras menos azul y que tuvieras menos nubes, para así mirarte como a cualquier cubierta. Pero sigues siendo sinónimo de Edén.

Es difícil verte desde aquí cuando volé en ti. Qué desconsuelo es reconocer que nadie renuncia al cielo.

Actúo como si me estuvieras viendo, para recordar cómo se siente recargarse sobre las nubes. Ya no puedo mostrarme entera porque mirarte duele cuando estás lejos.

¿Me estás viendo, cielo?

Quiero que veas que te quiero, pero no que me caigo al hacerlo.

Te lleno de suposiciones, pero es que no sé dónde empiezas y donde acabas, creo que apenas te conozco. ¿Quién eres de noche? Creo que jamás nos hice las preguntas correctas.

Ya no sé descifrar el cielo. ¿Por qué nunca me enseñaste a verte? Es peor con de noche porque cuando no te veo, te imagino.

No se puede huir del cielo.

## Cuando te vas

Cuando no estás,

la duda ocupa tu lado de la cama,

el miedo me abraza por la espalda

mientras el coraje me aprieta el cuello

para morderme el labio.

Enseguida la tristeza me besa los hombros

y cuando se me cansan los ojos,

la culpa me abre de piernas

y me coge toda la noche.

Todo esto para que al final

la soledad logre descobijarme los pies.

### La niña y el profesor

Sé que no me equivoqué al irme,
aunque a veces sienta que lo hice,
porque bailo
pero faltan tus manos construyendo mi espalda
y tus labios dándole forma a mi boca.

Y canto,
pero falta tu risa para entonarme
y tus quejidos para darme aire.

Aquí está otra duda
rodeada de remordimiento
dándole flote a los miedos.

Tal vez cuando envejezca lo entienda.
Pero ahora sé que pude llorar más
y debí reír menos.

Aun así aquí estoy,
siempre, para el niño con manos de agua
que aún no sabe porque su castillo de arena
se sigue derrumbando.

El amor se arrebata

de los amantes que temen de los puentes

hasta que entiendan que el amor

necesita altura para conquistar el vértigo.

Amar está bien,

si te desconoces del tiempo,

si puedes saltar al hoyo que cavas.

Amar está bien

si tus ojos tienen sal y tus labios tienen miel.

Amar está bien

si el sexo es sutil y a oscuras,

si no te hace llorar.

Amar está bien,

si estás ciego, sordo, mudo, muerto.

¿Qué me hace volver? ¿Qué me hace irme?

¿Qué me hace hablar? ¿Qué me hace callar?

Ningún animal busca realmente irse.

¿Qué te hace detener? ¿Qué te hace arrancar?

¿Qué nos hace perdonar?

¿Qué nos hace atacar?

¿Cómo sabe un pájaro dónde hacer nido?

¿Qué hace a una mujer amar?

No lo sé, amor. Ya no lo sé.

No lo entiendo, no te entiendo.

Tal vez me equivoqué al irme así,

te lo diré cuando crezca donde para entonces

tal vez entienda los días que viví sin ti.

Fuiste un amante breve de un amor eterno,

porque fuimos nuestros ajenos,

la duda que decidimos apodar verdad,

fuimos la mentira que se adornó piadosa,

la donosa esperanza de la guerra

y las cataratas en los ojos del futuro,

fuimos amor cubierto de tiempo,

la realidad dentro del sueño.

Fuimos la caída lenta del mar

y el golpe de suerte de un rayo.

Me pregunto si tú debiste llorar más
y si pudiste reír menos.

Cerca del cielo está quién ama,
y yo me alejo de la caída mientras puedo.
He visto como demasiada altura te desnuca.

Amar es bueno
cuando ya no te queda sangre en el cuerpo
pero yo ya sé sangrar agua.

El amor está bien cuando no lo entiendes.
Pero tú fuiste el profesor
y yo la niña que aprendió a amar.

¿Qué me hace visitar el abandono?
¿Qué me hace saltar a tu tumba?

Si amar es lo que hace al ave volar del nido.
¿Qué lo hace volver?

No lo sé, ya no lo sé.
Ya no me conozco, ya no te conozco.

No sé si me equivoco al volver, pero siento
que si no lo hago me escondo del amor.

Aquí viene,

otro gesto de desdicha

bombardeada de asuntos sin resolver

con estatuas planas que ya no envuelven.

Supongo que debo terminarlo a solas

con una taza de té

tal vez evaluando la altura de la azotea.

Empiezo a bailar en la orilla

y entonces recuerdo

cómo la niña jugaba contigo

y parece que la amo.

La recuerdo y la amo,

la veo y la entiendo,

la busco y se tira.

Ella se tira.

Parece que seré tu pequeño sueño

lo que resta de mi vida,

y tú serás el profesor

que siempre quise ver en zancos.

## Noche de Poesía

Las noches se hicieron para arrepentirse o para soñarte. Quisiera escribir algo que llenara el silencio de la noche y vaciara la poesía que ahora es ruido. El ruido que sólo yo escucho y quiero que lean, no para que me entiendan, sino para sentirse menos desentendidos. Voltear mi mente como una funda, sacar cada llaga sin rozar un centímetro de piel, sólo sangrar de los ojos para dar mérito a la emoción y más tarde forjarle un nombre para hacerlo mío y posteriormente nuestro. Quisiera hacer del ruido poesía y dormir por fin, sin arrepentimientos ni deseos, y por supuesto sin soñar, sólo sosegar, porque me gustaba dormir antes de conocerte, antes de saber que venías en las noches a contarme historias que en el día se olvidan.

## Escaleras

Caminaba por el pasillo cuando casi resbalo por las escaleras y entonces me di cuenta que quería caer, que quería golpearme la cabeza y olvidar quién soy, olvidar lo que innecesariamente pienso ahora, dejar de tener estos pensamientos que me hacen querer correr de mí misma, dejar de pensar como pienso y dejar de querer lo que quiero y volver a iniciar, tener la oportunidad de rehacer las cosas de una mejor manera, o tal vez sólo una manera más fácil.

Ser más ellos y menos yo, ser lo que fuera, menos yo. Querer otras cosas, no desear tanto, ni tan lejos. Qué horrible sensación, creer que olvidarlo todo sería más fácil que seguir escuchando lo que me digo.

Suelo darme cuenta que estoy inerte sólo cuando cruzo las calles, porque me gusta acercarme a los autos en movimiento, ver mi pie al borde de la llanta girando con tanta potencia me hace creer que yo tengo el control entre mi vida y mi muerte, sentir como tiembla el piso debajo de mí y me escala por todo el cuerpo para sentir esa furia hecha metal que pasa corriendo junto a mí porque se asimila a la que traigo dentro y entonces se conectan y por fin la entiendo, por fin entro en catarsis y siento algo, me desentumo, y tal vez es sólo adrenalina descargándose en mi cuerpo pero escuchar ese ruido tan inmediato del auto que calla todo lo demás, quiero decir a mí misma, sentir ese golpe de aire en el pecho como un -cállate- que me cubre los ojos y me provoca exhalar por fin, sin advertir esa emoción de fuerza que me hace sentir en vida y estar por un instante lejos de mí, que me desconecta de mi pensar y sólo me hace sentir ahí fuerte, potente, glorioso, me hace sentir con el poder de mi decisión, porque si sólo quisiera morir ya me habría arrojado, pero no quiero morir, sólo quiero olvidar. Quiero estar en otro lugar, pero el problema no es tener distintos planes, sino quererlos. Quisiera querer cosas diferentes.

Así que a éste punto, tiene sentido que lo mejor sea tirarme, porque si olvidas, no puedes extrañar algo que no recuerdas, si me tiro por las escaleras y sólo me golpeo un poco al menos podré estar lejos de aquí, y si me rompo una pierna, me obligaría a cambiar de sueños, y si de suerte me golpeara en un punto exacto que me hiciera perder la memoria justo como quiero ocasionando que dejara de importarme todo lo que me importa ahora, estaría bien por un rato ya que considerando que si la maldita vida y su idea cursi de destino me arrojara de nuevo a obligarme a volver a querer las mismas cosas otra vez al menos tardaría un poco más y tendría tiempo de volver a iniciar y tener otro colapso dentro de 10 años más. No importa lo que pase sólo quiero una excusa para dejar de ser yo, sólo al menos por un momento, y si no funciona nada de lo anterior siempre queda sólo morir frente a este auto, o ya frente a esta escalera que tengo delante y entonces ya nada podría importarme, sólo así dejaría de ser yo totalmente, dejaría todo atrás, negro, silencio y paz por fin sin nada, nada que desear, nada que perder, nada en mí, solo así me aseguraría de no volver a ser yo nunca más, terminaría conmigo, con todo y… Creo que mejor ya bajo la escalera.

## Un día largo

Recuerdo cada vez menos ese día, entre más lo pienso, más me confundo. Recuerdo que tú tenías una sorpresa y yo tenía mucha tristeza. Recuerdo que había peleado con mi mamá, lo viste, lloré contigo, recuerdo que no me quería levantar del sillón, sólo quería que me abrazaras, ¿no lo viste? Bueno es que no te lo dije.

Recuerdo que daba vueltas al asunto, no quería, ¿no lo viste? Bueno yo no te lo dije. Recuerdo que me llevaste al cuarto con la idea de estar más cómodos. No recuerdo qué tanto tardaste en besarme, ni cuanto tardé yo en detenerte, pero recuerdo que te molestaste.

Me sentía mal, me sentía frágil, ¿no lo viste? Es que no te lo dije…-un destello de luz en la oscuridad- ahora lo recuerdo, como si regresara en el tiempo, me puedo ver a distancia, me veo yéndome, yo también me molesté y te lo dije. Sí te lo dije, desde el principio, te dije que no quería, sí te lo dije... Y eso es lo peor de todo. Me detuviste muy asustado y por un momento pareciste comprender, distinguí por un momento algo distinto en tus ojos, entonces me cantaste, pudo ser un buen recuerdo si hubiera bajado el telón ahí, pero tú diste tercera llamada y tus melodías que eran caricias sin intención empezaron por rozarme las mejillas y terminaron metiéndose en mi sostén.

Algo pasó. Y otra vez los recuerdos son borrosos, todo se difumina, no sé qué hice, no sé qué hiciste. De ese día sólo recuerdo que estaba vulnerable. Mi consuelo está en pensar que no lo viste, que no te lo dije. Pero tal vez lo viste y tal vez lo dije, no lo recuerdo porque yo...

Cedí, cedí, cedí.

Dicen que amar es ceder.

Cedí, cedí, cedí, ¿te amé?

"¿Por qué no?" preguntabas tú. No sabía que contestar yo. Te amaba. "¿Por qué no?" me preguntaba yo misma. Amarte era la única motivación por la cual hacerlo. Y si te amo entonces...

Cedí, cedí, cedí.

Dicen que amar es ceder.

Cedí, cedí, cedí, ¿te amé?

Convencí a los demás junto conmigo misma que sólo era miedo a exponerme, pero no tenía nada de malo porque te amaba. Que no me arrepiento les dije, que estaba bien les dije, que nunca es como sueñas dije, "sólo pasa" les dije, pero no sólo pasa.
Porque amarte fue el único motivo por el que decidí hacerlo. Y tú también me amabas. ¿No bastaba? Esos deberían ser los únicos motivos, ¿no? ¿Por qué no quería entonces? ¿Qué me faltaba? Nada, mira cuánto me amas...

Cedí, cedí, cedí.

Dicen que amar es ceder.

Cedí, cedí, cedí, ¿te amé?

No busco un culpable, busco un perdón que yo misma debería darme.

Huir fue una salida de la cual ahora no puedo escapar. Entré y me convertí en un círculo. Una flecha que sólo espera. Nunca dispara. Sólo observa esperando que haya más luz para ver, pero vuelve a anochecer y cada noche hace más frío y la madera se está mojando. Y no disparo. La flecha se está doblando. La flecha, la flecha. Estoy estancada. He roto el arco para no irme. ¿Cómo sé que es amar?

Cedí, cedí, cedí.

Dicen que amar es ceder.

Cedí, cedí, cedí, ¿te amé?

No debería buscarle razonamiento a mis emociones, dentro de mí no quería... ¿Por qué? Porque no quería. Tal vez aún no descubría el porqué, pero la respuesta estaba. Mi "no" no tenía lógica, no tenía sentido esa respuesta. Pero el "sí", ese sí tenía motivo, tenía el "porque lo amo". Entonces...

Cedí, cedí, cedí.

Dicen que amar es ceder.

Cedí, cedí, cedí, ¿te amé?

No recuerdo jamás un "no" de tu parte. Pero recuerdo casi todos los míos. ¿Rompí los valores que tenía? ¿Era sólo lo que creí que era? ¿Cree una nueva yo? ¿O sólo la solté? ¿O la inventé? ¿Me mentí o te mentí?
No sabía por qué no. Sólo sabía por qué sí. Y por esa lógica...

Cedí, cedí, cedí.

Dicen que amar es ceder.

Cedí, cedí, cedí, te amé.

Empecé a querer verlo como placer y no como amor, pero dolía. No era yo, no soy yo. Me estoy equivocando. ¿Me estoy equivocando?

Te amo. No me equivoqué. ¿Y si me

equivoqué? Te amé.

No debí ceder, no debí ceder por mí. Ese era el

motivo por el cual el "no" tenía sentido. No

quería porque yo que quería respetar mi sentir,

yo tenía mi propia opinión, mis propios deseos,

quería escuchar lo que yo quería. El *sí* era

porque te amaba, el *no* porque me amaba.

Cedí, cedí, cedí.

Dicen que amar es ceder.

Cedí, cedí, cedí, ¿me amé?

### Tontos y Malos

No soy tonta por pensar que sólo querías
recostarte junto a mí en tu cama,
tú eres tonto por haber usado el momento
para desvestirme.

No soy tonta por haberme quitado el sostén,
eres malo por alejarte hasta hacerme ceder.

No soy mala por pedirte
que fuéramos más lento,
eres tonto por hacer burla de ello.

No soy tonta por dudar,
eres malo por presionar.

No soy mala por decirte que no quiero,
eres tonto por creer que ya no te quiero.

No soy tonta por confiar,
eres tonto por volver a mentir.

No soy tonta por perdonar,
eres malo por decírmelo hasta hoy.

No soy mala por pedirte más,

eres tonto por pensar que no podías dármelo.

No eres tonto por darme de tu cuerpo,

eres tonto por no darme un poco más de

tu alma.

No soy mala por dejarte

y no eres malo por apoyarme.

No soy tonta por buscarte,

soy tonta por esperarte.

No soy tonta por besarte,

eres malo por rogarlo.

No soy tonta por no darme cuenta,

eres malo por no decírmelo antes.

No eres malo por querer tocarme,

eres tonto por no preguntar que quería.

No eres tonto por no notar,

soy tonta por no explicar.

No soy tonta por llorar,

tú eres tonto por no escuchar.

No soy tonta por sonreírte,
soy tonta por no enfrentarte.

No soy mala por alejarme,
soy tonta por no hacerlo antes.

No soy mala por odiarte,
soy mala por mentirte.

No soy mala por escribirte todo esto,
soy tonta por no habértelo dicho.

Sí soy tonta por quererte
y tú no eres malo por eso.

No somos malos por querernos
ni tontos por dejarnos.

Sí somos tontos por buscarnos
y sí somos malos por abandonarnos.

### ¿Me concederías esta tristeza?

Hace noches que no tenemos la proeza
de bailar con franqueza.

Y aunque disfruto mirarnos con torpeza,
siempre nos envuelve la simpleza
y terminamos olvidando la careza.

Quiero recordar cómo se siente la verdadera
aspereza, aquella que endereza
cuando confiesa la pobreza.

No es que quiera rudeza
ero ya se me agotó la pereza
y veo más certeza
en tu crudeza
que en tu pureza

Y veo más amor en tu flaqueza
que en tu fortaleza.

No quiero salir ilesa
quiero maleza,
corteza y soeza.

Así que ya no más turquesa

que la limpieza en la cabeza

es pura gentileza

Y yo adoro ver cuando la sutileza

se tropieza

y bajos su ropa vemos fuerza.

Y es que no existe una jueza

que dicte pulideza

Así que sin delicadeza

arrójate entero en una pieza

¿Y si esta noche dejas la cabeza

y me muestras tu tristeza?

## Te amé tanto

Me encogí del peso de tanto amor, mi vista se marchitó de tantas noches en tu desvelo, mi piel se secaba de tanto labio encima. Y es que yo te amaba tanto que me estaba doliendo el estómago, pero no lo sabía.

Las mejillas duelen después de tanto sonreír, el cuerpo duele después de tanto amar.

Te amé tanto
que tu risa me hacía llorar de amor.

Te amé tanto
que una vez le dije a Dios que le daba mis sueños con tal de ver cumplir los tuyos.

Te amé tanto
que deje que me amaras como quisieras.

Te amé tanto
que nunca te juzgue y te perdoné.

Te amé tanto
que eras mi diario, continuo y sin pausas.

Te amé tanto
que me dediqué a amarte.

Te amé tanto
que no podía soltarte.

Te amé tanto que me amé menos.

Me amé tan poco
que te puse antes.

Me amé tan poco
que me culpe.

Me amé tan poco
que pensé en volver a ti.

Me amé tan poco
que ocupaba mi tiempo en extrañarte.

Me amé tan poco
que me olvidé.

Te amé tanto
que te deje ir,
pero me amé tan poco
que yo me quedé.

Te amé tanto

que me perdí.

Te amé tanto

que me busqué en ti.

Y por eso me fui,

porque si te amaba un poco más,

yo iba a desaparecer.

## Cascada

Te da miedo preguntar
y me da miedo contestar.

Sentir ese latido de quererte otra vez
y sonrío para poder llorar.

Es más fácil voltearse
y no mirar, no escuchar
que se derrama el agua.

Ni siquiera cuando ya siento mis pies mojados,
volteo.

Hasta que ya no puedo respirar
abro la boca.

Y hablo, pero tú ya no escuchas
y callamos
y no nos miramos
para no encontrarnos
con miedo, amando.

## Amo del mismo modo que odio

¿Será que eres como la lluvia? La que amo cuando salgo a caminar y la misma que odio cuando salgo a caminar. Porque odio del mismo modo que amo, en el mismo grado, a veces en el mismo lapso.

Odio que estés sin estarlo, que te vayas a medias, que te alejes pero sigas viéndome, que me borres para dibujarme de nuevo, que me salpiques de agua sin voltear, odio del mismo modo que amo que sigas aquí, que no te vayas por completo, que sigas buscándome entre la gente aunque nunca me encuentres, que me pienses sin gritarlo, que me extrañes a susurros, que ames como sólo tú sabes. Odio tus planes entre risas y tus promesas a ciegas. Amo que me escribas pero odio que sea sin el deseo de que te lea.

Y odio que no me hables claro, que estés oscilando. Odio tu constante intermitencia, que sonrías de la misma manera para saludar y para despedirte, que me hables como si supieras lo que siento, que digas que eres infeliz mientras te ríes.

Y amo que me vuelvas a mirar, que me hables como si no hubiera pasado ni un día de irnos, que me toques como si me tú me hubieras hecho con tus manos, que te encuentre sonriéndome como si nunca hubieras dejado de amarme.

Deja de decirme que me quieres
mientras te vas.

Deja de volver o deja de despedirte.

Odio estar a medias, entre soltarte o mantenerte, aunque no pueda concluir ninguna, porque que permaneces sin que lo decida. Para mí, no eres visita. No vengas si no vas a quedarte, no me tomes del brazo si vas a hacerme a un lado, no me hables si no vas a mirarme.

Deja de sonreírme como si te fueras a quedar, de tocarme como si no fueras a parar, de decir mi nombre como si no te fuera familiar. Deja de ocupar más lugares y quitarme más recuerdos. Deja de adueñarte de la lluvia y de reflejarte en mis aguas. Amo que estás y odio que estés.

No importa qué hagamos porque bien sé que te vas a quedar, aunque sea a medias. Odio y amo tu ausencia. Te amo del mismo modo que te odio. Y es cansado, odiarte por no irte y amarte por quedarte.

### Quiero oírte tocar

Te he cerrado la puerta
porque no quiero admitir
que quiero que vuelvas.

Ya no quiero verte ni verme
asomándonos entre la rendija.

Ya no quiero encontrarnos
acariciando la manija.

Te he cerrado la puerta sólo para que
cuando vuelvas aprendas que se toca.

Te cerré hasta las ventanas porque si quieres
verme tendrás que hacer más que remover las
cortinas. Si quieres verme, entra,
pero esta vez toca.

Quiero oírte tocar, pedirme entrar.

Tocar, tocar, tocar.
Un golpe por cada vez que te lloré.

Quiero oírte llorar,
porque jamás me dejaste hacerlo.

Jamás me dejaste verte,
tú jamás me dejaste entrar.

Te he cerrado la puerta porque no quiero
admitir que me arrepiento de haberme ido.

Un arrepentimiento que sólo se irá
si te oigo tocar.

Entiende que no te abriré la puerta
hasta oírte tocar.

Quiero oírte tocar.

Quiero oírte decir mi nombre sin ternura,
esta vez con coraje, para sentirte real,
pidiéndome entrar.

Toca tres veces sin dudar o no abriré.
La abriré sólo cuando sepa que te vas a quedar.

La abriré sólo para cerrarla una vez más
y esta vez para siempre. Y tú decidirás
de qué lado de la puerta te quedaste.

Pero quiero oírte tocar.

## Tu recuerdo es lodo

Siempre te huyo al dormir porque es cuando más fuerza tienes. No sé por qué vuelves, ya te di todo y no te debo nada. Ya terminé de agradecer cada memoria a veces vuelvo pero ya hemos pisado tanto aquí que acabamos el césped, y cuando llegaron las lluvias no hicimos más que ver como la tierra se humedecía y empezamos a hundirnos, me quede parada sobre el lodo, me estaba yendo para abajo y no veía mis pies, estaba olvidando cómo caminar y entonces brinqué, fue un salto de miedo, de supervivencia. Y aunque caminé sola fui dejando lodo en el camino, ahora pienso que tal vez era con la intención de que supieras dónde estaba por si querías buscarme, pero no te gusta ensuciarte. El sol secó el lodo, el viento lo sopló y nos perdimos de vista, volvió a crecer césped y me he sacudido los pies. Poco a poco mis pies ya no me recuerdan a ti. Te dejo ir, pero yo me quedo porque aunque ya no estés, aún puedo oler el lodo. Y a mí me gusta la tierra que muestra caminos, alejarte se siente como privarse. Me repito que debo dejar de revivirme con la emoción de tu recuerdo. A diario me cobijo de ideas, quiero que ocupen la cama y no dejen espacio para tu memoria. Pero luego yo misma salgo a buscarte, me siento enferma, adicta, llena de lodo. En la noche te bebo a escondidas como si alguien me viera, es mi conciencia que me señala. No quiero verle la cara de derrota, tiene mi rostro, ¿has visto cómo se ve la decepción en tu propio rostro?, aprieto tan fuerte los ojos que siento que implotan y desaparecen de mi cuerpo, dejo de ver y todo el silencio es sano, entonces nadie me juzga y duermo, hundiéndome en mi mugre, cálida, lodosa. Y en la mañana me siento como nueva, lejos de ti. Pareces un chiste malo, río y hago mi día lleno de mí. El sol siempre seca el lodo. Pero poco a poco mientras se acaba la luz, las sombras me arrastran a la cama y yo me entrego a ellas porque ya las conozco, a veces conversan conmigo, a veces sólo me miran, pero siempre me acompañan. Parecen ser mis amigas hasta que las dejo estar tan cerca que me gritan en los oídos y me pican los ojos, se burlan y me encierran en las cobijas, otra vez. Las he corrido de mi casa varias veces, pero siempre vuelvo a dejarlas entrar, las invito a cenar cuando me siento sola. A veces son amables, a veces me velan cuando tengo miedo. Ellas son nocturnas, nunca están en la mañana. Las sombras son mis recuerdos, el pasado que abrazo cuando el presente me asusta. Quiero vivir en ellas, ya las conozco, conozco el daño que nos hacemos, no les tengo miedo. Ellas me necesitan para vivir y yo las necesito para escapar. Sí he pensado en quemarlas, pero luego recuerdo cómo se siente volver a verlas cuando no encuentro ni mis manos, entonces al abrazarlas vuelvo a tener cuerpo, ellas me dan un piso aunque queme, porque ellas arañan, cortan y mutilan, sin embargo al quemarme me recuerdan que tengo piel. Me acarician los labios hasta hacerme sonreír, también muerden pero yo las entiendo, tienen miedo de desaparecer si las olvido, pero tenemos un trato porque yo también desaparezco si se van ya que ¿quién soy sin mis recuerdos? Las distingo entre la noche porque ellas son grises como la nostalgia, entre el blanco de lo bello y el negro de lo perdido. Me ayudan a recordar quién fui cuando no sé quién soy. Pero luego olvido donde estoy y me tapan la luna.

Ahí vienen de nuevo, hoy quieren bailar y yo estoy descalza para ellas.

**Dónde y cuándo**

Sigo aquí, sigues siendo tú.
Y muero porque para ti
siga siendo yo y que sigas aquí.

No sé dónde ni cuándo estás
pero para mí hoy la noche es de verano,
para ti tal vez es marzo,
o quizá ya estás en invierno otra vez.

Son las 2 am, donde y cuando te cuento
que las noches siguen siendo tuyas,
donde tu voz no me deja dormir,
cuando ya casi es un reclamo.

Me gustaba soñar antes de dejarte,
antes de saber que ibas a buscarme
cada noche para mirarme
y abrir la boca justo antes de despertar
para olvidar tus palabras
y pasar el día preguntándome
qué querías decir.

Ayer estuve con las manos sobre alguien

que no eres tú

y no puedo acostumbrarme a no oírte.

Tus palabras me clavan al piso,

no sé en dónde ni cuándo estás,

casi creo que estamos en líneas diferentes, casi.

¿Estás más o menos?

Lejano a mí quisiera que fueras mejor

y estuvieras 3 km más delante de mí

y no sonrías con miedo como hago yo,

pero más dentro de mí quisiera

que te mecieras como yo.

Ojalá ambos estemos allá,

allá donde nos ubicamos,

donde no sólo deseo.

Quiero hablarte más que verte,

quiero escucharte más que tocarte,

quiero que estés más que vuelvas, y si no,

quiero que te vayas más que alternes.

Porque qué bien se siente llorarte,

me siento cielo flotando

y el aire que se me escapa se siente como nubes

que me llenan al salir;

mis lágrimas me hacen  sentir

el verano dentro de casa,

de la cama,

de mí,

el verano está dentro de mí.

Ojalá me leas con amor y ojalá extrañes mi voz

más que mis manos,

ojalá pienses en mí cuando mires a tu madre,

ojalá comas con el sabor a mí,

ojalá me sigas escuchando en la música,

ojalá aún escribas para mí o al menos por mí,

¡y no por condenarte! sino porque

quiero estar en las mejores cosas.

Quisiera que habláramos de errores

más que de logros, quisiera que no fuera hoy

y fuera dentro de un año o dos,

o incluso diez,

donde tal vez nuestras líneas de tiempo
se alinean de nuevo.

No sé dónde ni cuándo estás
pero te encontraré
en una de esas líneas perpendiculares
que habituamos.
Prefiero este dolor que me sostiene los tobillos
a correr y no verte, y no recordar
la forma de tu nuca.

Me arden las manos de sostenerte y aun así
no pasa ni por un segundo en mi mente soltarte,
porque me recuerdas tantas cosas,
me recuerdas la vida en mí,
tu rostro me recuerda lo que fui,
tu voz me recuerda lo feliz que
puedo llegar a ser,
tu ser me recuerda lo mucho que
puedo llegar a amar.
Tu amor me recuerda a mí misma,
tú me recuerdas lo que no quiero olvidar.

No sé cuándo ni dónde estás

para decirte esto,

como para saber si es romántico o patético.

Pero creo que este verano ya ha durado un año

y esta pequeña ciudad siempre me trae a ti,

el centro, la central, las jacarandas,

el atardecer, mi casa y hasta mi madre.

Me gusta decirme enamorada

y sólo contigo puedo porque

un abrazo sin tu peso me asfixia,

una mirada sin tu sonrisa me pierde,

una caricia sin tus yagas me corta,

un beso sin tu lengua me confunde,

el sexo sin tu carne me nubla,

una vida sin ti me anochece.

Las noches siguen siendo tuyas

pero siempre me espera

un amanecer en mi ventana,

ahora siento la luz,

veo un comienzo que va a terminar,

porque como decías,

todo es temporal,

así como nuestra distancia,

que no es de espacio

sino de tiempo.

Cuando yo apenas escucho las canciones,

tú ya las estás cantando.

Lo que escribes ahora

lo escucharé dentro de un año

y esto que lo escribo

entre noches que te extraño

tú lo leerás un día

en que yo ya no esté en verano.

Apenas me imagino dónde y cuándo estás.

Me duele volver a darte la espalda,

pude hacerlo una vez

pero repetirlo se ha vuelto una condena,

y aunque sigue doliendo cada vez

un poco menos,

la grieta continúa extendiéndose

hasta que un día conozca el límite

y no quiero hacerlo.

Ya me es conocido este dolor de extrañarte,

no me atrevo a catar el dolor de dejarte ir,

claro que soy cobarde.

Hay cosas que ya olvidé,

y otras que estoy olvidando justo ahora,

pero lo que nunca se va es la sensación de ti,

sea cerca o lejos.

En un año no se deja de amar,

en un año apenas se da un paso

como pedir ayuda,

como decir te extraño,

como decir adiós.

No sé dónde ni cuándo estás,

pero yo apenas estoy diciendo adiós

después de dos años de haberme ido.

Devuelta la sensación de ti.

Este verano ha durado demasiado.

No sé dónde ni cuándo estás

y ya no gastaré mi mente en descubrirlo,

en hacértelo decir,

en hacérmelo saber.

Al menos sé dónde y cuándo estoy yo,

y no es contigo.

Ya sigue otoño,

ya sigo yo.

# OTOÑO

"Ya no te planto besos

porque los dejas marchitar"

## Ya no me quieran mucho

Preocuparme tanto
por cómo se sientan los demás
ante mis acciones
hace que todos me quieran mucho
pero hace que yo me quiera menos.

## Quererte

Quererte me hacía bien
cuando no había dejado de quererme.
Parecía que para darte debía quitarme
y que darme era quitarte.

Tú me bosquejabas
cuando yo te pintaba.
Jamás te hablé claro
y tú jamás me miraste fijo.

Quererte me llena de nostalgia
¿y qué hace la nostalgia más que detenerte?

Lamentablemente quererte no es quererme,
detesto que ya no van de la mano
y tengo que elegir.

Entre tú y yo,
casi te elijo.

Pero gracias al cielo no fuiste suficiente
y pude irme.

Ni siendo tú, fuiste lo que yo tanto buscaba,
que era a mí misma.

Me obligo a decir que cabes, pero pesas.

Quererte es buscar soluciones, hacer caminos,
formar motivos.
Quererme es hallar motivos, hacer soluciones,
tener caminos.

Ahora sé que los recuerdos pueden ser
pesas o escaleras.

Quererte es buscarte, quererme es seguirme.
Quererte es tocarnos, quererme es sentirme.


Quererte es seguir tu ritmo,
quererme es escuchar
que tengo mi propio compás.

Quererme es escribirme.

Quererte es perdonar y quererme es agradecer.
Quererte es volver, quererme es avanzar.
Quererte es buscar, quererme es crear.

Quererte es creer que habrá más,

quererme es tener la certeza de que lo hay.

Quererte es preguntarte,

quererme es responderme.

Quererte es buscar más en ti,

quererme es encontrar más en mí.

Quererte es esperarte y esperarte es detenerme.

Entonces si la cuestión está entre

quererte o quererme...

ya sabes por qué no volví.

## Él no te ama

Él no ama tu piel,

ama sus manos tocándote.

Él no te escucha,

se escucha a sí mismo oyéndote.

Él no te abraza,

se consuela a sí mismo.

Él no te mira, él no te ama, él no te entiende.

Él se mira, se ama y se entiende a sí mismo.

Él no te ama,

y si te quedas,

tendrán eso en común.

**Parece amor pero es guerra**

Eres tan bueno en el amor
que lo tienes bajo la manga.

Tú puedes pararte sobre el escenario
y cantarme insultos, puedes tirar la cena
y bailar sobre mis ganas
porque yo te tomaré como maestro.

Que me lastimes sólo me incluye más
en el mundo, porque yo he lastimado a otros.

¿Así se siente?

Parece que eres el karma que busco.

He lastimado a tantos con tu espada
que todos creen que es mía.
Enséñame a besar con los dientes
y a mentir como tú.

Luce como amor
hasta que reconozco el rojo en mis manos
y el gris en mis ojos.

Sabe a amor

hasta que recuerdo que te lavas los dientes

después de cada comida y de cada beso mío.

Te secas las manos después de besarme.

Cierras los ojos después de mirarme.

Te vas a dormir después de amarme.

Eres tan bueno en el amor

que lograrás que te pida perdón por amarte.

Dime que vienes a matarme

en memoria de cada corazón que he herido.

Dime que soy la ilusa

que cree en el amor después de la guerra.

Dime que eres el traidor que mata a la reina.

O no me digas nada.

Pero no te sientas guerrero

cuando actúas como bufón en celo.

¿En qué me convierte eso?

Parece que eres el karma que temo.

¿Y si me voy? ¿Y si esta vez por fin me voy?
Sé que no encontraría un combustible que no te
incluyera, lo inventaría.

No sé a cuántos planeas vengar
pero aún te queda mucho amor por matar.

Parece que eres el karma que permito.

Dejo que me duelas porque con tu espada he
lastimado a otros. Así que córtame, véngalos.

Clávame tu desamor que todavía
no me duele lo suficiente para defenderme.

Haz que duela,
apuesto a que otros han sangrado más.
Haz que esta guerra valga la pena.

Parece que 5 puñaladas no matan ¿Cuánto
tiempo más duraré desangrándome hasta que
me muera o te mate?

Qué bien te queda el escudo
a pesar de no saber usarlo.

Esto se ha vuelto un duelo a muerte, mi vida.

Me matas o te mato, sólo hay una espada

y tú sabes que no nos amamos lo suficiente

como para sacar la bandera blanca.

Eres tan bueno en la guerra

que me convenciste de que era amor.

### ¿Soy un hilo o un trazo?

Cuando supe la diferencia entre hilos y trazos, de inmediato deseé ser un trazo negándome que ya soy un hilo enredoso y lastimoso, sabiendo que todo lo que amo me manipula.

Aprovecho lo versátil,
pero cada nudo me hace corta.
Ser hilo me hace sentir títere del viento.
Además ¿qué puedo hacer conmigo si no sé tejer?

Qué bellos son los trazos, inéditos perdurables. Quiero convertirme en uno pero yo no sé de superficies.

¿Cómo un hilo pasa a ser trazo?

Tal vez si confío, el tiempo me trace tantas cicatrices que parezca que nací siendo trazo, tal vez me cuide de que las arrugas no se me hagan nudos y quizá si me expongo lo suficiente al sol me llene de lunares que se crucen y así quizá

también logre unir mis pocas pecas para trazar
un camino que me lleve  de vuelta a mis ojos.

Porque no quiero olvidar quién soy, como el
trazo plasmado que jamás se desconoce.

Si me fijo ya no me enredo
pero tampoco cambio.

Tal vez no soy un hilo lleno de trazos,
pero tal vez soy versátil con todo lo fijo.

¿Por qué deseo la estática belleza del trazo
cuando el hilo sí puede decidir?

Mi hilo es frágil y finito
pero siempre vuela fácil.

Soy hilo porque así nací,
pero trazo porque lo intenté.

## ¿Qué necesitas?

Ya me alejé y te di el espacio que pediste.
Entiendo si cambiaste de opinión, yo lo hago
todo el tiempo, sigo queriéndote aquí, pero
estoy buscando las ganas irme. Estoy en
proceso de cambiar de opinión, de ya no
quererte aquí con tu voz nocturna, porque de
hecho me gusta pasar las noches conmigo. Y
aunque aún no defino si extraño tu risa o mi
risa, sé que extraño algo y aun así no he ido a
verte. Yo no me asomo en tu ventana porque
respeto tu decisión. ¿Puedes respetar la mía
también? ¿No puedes acaso verme a escondidas
sin que yo me entere que aún me miras? ¿Que
aún me piensas, que aún me extrañas? Yo
también te miro, te pienso y te extraño pero no
te lo muestro porque te amo y respeto tu
decisión de alejarnos.

No te digo que dejes quererme,
sólo hazlo en silencio.

Quiéreme en la noche a escondidas
como yo lo hago.

Quiéreme tarareando canciones
que no tengo que conocer.

Quiéreme en tus sueños,
en la ducha, a media borrachera.

Quiéreme en tu primer trago
y en tu último cigarro de la noche.

Pero quiéreme en callado,
discreto, imperceptible.

Quiéreme repasando recuerdos
y suspirando moderado.

Quiéreme leyendo un libro,
escribiendo un poema.

Quiéreme negándoselo a todos.
Quiéreme en tu tiempo libre.

Quiéreme cuando no tengas
nada más en qué pensar.

Quiéreme cuando todo vaya bien en tu vida
y necesites tener algo de qué quejarte.

Quiéreme a solas
o en compañía de tu nueva pareja.

Quiéreme cuando estés triste,
aburrido o cansado.

Quiéreme cuando te odies.
Quiéreme cuando te extrañes.
Quiéreme cuando me odies.
Quiéreme cuando te asustes.
Quiéreme solo de vez en cuando.

O si quieres, quiéreme todo el tiempo
pero por favor sólo quiéreme
sin que yo me entere.

## Querida

He dudado bastante para hablarte, ya que vi cómo abandonaste a las almohadas por murmurarte en las noches, pero siento la necesidad de disculparme, te ves cansada y no puedo evitar culparme por ello.

Perdón si no puedo abrazarte cuando lloras, ni acompañarte cuando cantas. Creo que te estorbo cuando bailas y te distraigo cuando escribes. Disfruto cuando lees porque sin darte cuenta me recorres toda, pero he de confesar que siento celos del balcón al que miras cuando te canso.

Hace semanas que no sonríes al verme, extraño que me encuentres con alivio y no ahora como un castigo.

Curiosamente estar tanto tiempo juntas nos ha alejado, así que quiero que sepas que cuando te pido que te vayas es porque no quiero que me sientas jaula; no quiero dañar tu cuerpo y que te hundas en mí.

Quiero que te encuentres,

como antes, soñando en mí.

Ya no te sientes como antes.

Quisiera que regreses ansiosa de verme,

quisiera sentirte brincar de nuevo

al tener un buen día,

quisiera oírte hablar de tus planes

del día siguiente,

quisiera que vieras tu cara cuando sueñas,

no hay momento en el que seas más ligera.

Espero hoy sueñes con el mar,

buenas noches, descansa.

Con amor, tu cama.

**No entiendo**

¿Qué significa que vea desdicha en las personas? ¿Qué significa que sueñe con insectos en mi cabello? ¿Qué significa que no pueda dormir porque falté al trabajo? ¿Qué significa que no quiera oír más historias? ¿Qué significa que la comida no me sepa bien? ¿Qué significa que toda el agua se sienta fría? ¿Qué significa no reconocer a tu familia? ¿Qué significa que en serio me moleste ver al sujeto de adelante mover la cabeza por la música en sus audífonos? ¿Qué significa que no me detenga por mis manías? ¿Qué significa no responder a los estímulos y leer todo lineal? ¿Qué significa no disfrutar ninguna canción y desear no hablar?

¿Estoy perdiendo vida, muriendo? ¿Flotando alejándome de aquí? ¿Qué significa vida? ¿Hay algo que entender? ¿Y qué significa que tú me entiendas?

## Habrá días

Habrá días como hoy
que me sentiré acabada.

Habrá días como ayer
que ni siquiera me sentiré empezada.

Y habrá días como mañana
que preferiré volver.

## Ya te estoy olvidando

*Ya no recuerdo por qué*
*reía a carcajadas contigo.*

Te estás volviendo gris, opaco. Tu voz se
mezcla con la de los demás, no distingo,
confundo. Tengo que esforzarme para recordar
cuando antes estabas al frente de mi memoria
como la dirección de mi casa, tus gestos
estaban en mi mente como el nombre de mi
madre. Y ahora ya no sé si mostrabas las encías
al reír, si saludabas de mano, si les sonreías a
extraños, ni sé si arrastrabas los pies al caminar
o si hacías ruido al comer. Ya casi no recuerdo
los ademanes que hacías al bailar, ya no
recuerdo si roncas. Casi no me acuerdo de
cómo hablabas con tus amigos, de qué hacías
para perder el tiempo, si te gustaba más el pollo
o el cerdo. Ya no recuerdo qué tomabas en la
mañana, qué estación preferías. Te estás
borrando. A veces creo recordar los nombres de
tus abuelas, ya casi olvido el nombre de tu

calle. No estoy segura de tu color favorito, si te gustaba la tecnología o el deporte, cocinar o ir a misa. Ya no recuerdo qué solíamos hacer juntos, de qué hablábamos. Qué pensabas de la política o del sexo, qué cosas te hacían reír o qué cosas te hacían enfadar. Ya no recuerdo a qué sabe tu boca, a qué huele tu ropa. No puedo recordar algún lunar peculiar o una cicatriz con historia. Ya no recuerdo cómo se veían tus rodillas, cómo se sentía tu lengua, cómo se oían tus te amo. Qué hacías cuando te incomodabas, qué hacías cuando te molestabas. No sé si te gustaba el café.

*Ya no recuerdo cómo*
*reía a carcajadas contigo.*

No sé cómo pero te estás volviendo borroso. Parecía imposible pero ya te estoy olvidando, no sé cómo es perder la memoria, pero esto se siente como no estar segura de nada, si eras cauteloso o distraído. Si mentías o evadías, qué cosas horribles hacías o qué cosas hermosas escribías. Ya no estoy segura de qué pensabas de tu hermano o de tu padre, qué sentías por la muerte o por tu gato, ya ni siquiera sé si alguna vez me lo dijiste. Pensarte era instintivo y ahora vivo confundida. Lo peor es que el día que ya no te recuerde ni siquiera lo voy a saber. Casi podría dudar del color de tus ojos. No recuerdo cómo te ves llorando, no recuerdo cómo te ves cantando. Ya no recuerdo cómo era hacer el amor contigo. Ya no puedo recordar cómo era caminar para ir a verte. Ya no recuerdo cómo era amarte, qué se sentía mirarte. No puedo recordar si tuvimos planes. Ya ni siquiera recuerdo qué más no recuerdo.

*Ya no recuerdo si*
*reía a carcajadas contigo.*

### El transcurso de los años

Quiero contarte que hoy vi una película muy buena, quería conversar de ella contigo, pero no puedo.

Quiero contarte que hace unos días fui al doctor y empecé a tomar vitaminas.

Quiero contarte que sigo leyendo.

Quiero contarte que no he podido dormir bien, te pienso cada noche, a diario.

Quiero contarte que te extraño. No es suficiente saber que estás bien, creí que lo sería.

Quiero contarte que has sido lo más bonito que me ha pasado, no hay nadie como tú.

Quiero contarte que no puedo hablar con nadie sobre ti, lo he intentado pero aún queda mucho.

Quiero contarte que soñé cosas muy raras, que no he encontrado trabajo.

Quiero contarte que mi clase de Teatro me encanta.

Quiero contarte que inicié clases de canto, me gustaría conversarlas y practicar contigo.

Quiero contarte que mi maestra es muy rara, se salió a media clase a comprarse una nieve.

Quiero contarte que quiero y odio mi clase de canto.

Quiero contarte que me encantó la película que me recomendaste hace meses y apenas vi, tenías razón.

Quiero contarte que leí un libro que no me gustó.

Quiero contarte que no puedo imaginarme con nadie que no seas tú.

Quiero contarte que te he escrito muchas cosas.

Quiero contarte que ayer te extrañé tanto que besé tu fotografía.

Quiero contarte que hoy me decepcioné de mi padre.

Quiero contarte que fui a un taller muy loco.

Quiero contarte que he aprendido mucho este fin de semana.

Quiero contarte que hoy entendí lo que es morir.

Quiero contarte que verte hoy me hizo darme cuenta que puedo dejarte ir.

Quiero contarte que me sorprendió que no me felicitaste por mi cumpleaños.

Quiero contarte que ya me cansé de hablar de ti.

Quiero contarte que has sido especial.

Quiero contarte que mi madre no deja de hablar de ti.

Quiero contarte que mi abuela dijo le gustó la canción que escribiste sobre mí.

Quiero contarte que hice un amigo que me recuerda mucho a ti, se llevarían bien.

Quiero contarte que ya vi que son muy distintos.

Quiero contarte que me di una oportunidad de salir con alguien pero aún me casaría contigo.

Quiero contarte que escuche la nueva canción que hiciste, me hizo llorar en silencio.

Quiero contarte que hoy me sentí muy mal, y no dejaba de pensar en que me gustaría que

estuvieras conmigo ahora que no quiero a
nadie.

Quiero contarte que te pienso cuando me siento
mal.

Quiero contarte que empecé a ir a terapia y eres
tema recurrente.

Quiero contarte que mi relación con mi familia
ha pasado de buena a mala y de peor a buena.

Quiero contarte que ya han pasado dos años y
te sigo escribiendo.

Quiero contarte que he conocido a alguien.

Quiero contarte que tuve sexo con alguien más
y me reí como nunca hice contigo.

Quiero contarte que soy más feliz cuando no
estás, porque así no te vas.

Quiero contarte que ya no sé qué es el amor.

Quiero contarte que todavía hay noches en las
que te pienso.

Quiero contarte que estoy más tranquila desde
que no te amo.

Quiero contarte que ya no hay nada que quiera
contarte.

## Ojos favoritos

Podría mirarte toda la noche
y seguiría cuestionando las respuestas
que me dan tus ojos,
sin embargo sigues aquí
abriendo tu mirada, tus brazos,
buscando mi mano, mi espalda,
sonriendo ante mi duda,
volviendo el miedo ternura,
esperándome y escuchándome,
siempre sin dejar de verme.
Esperando algo que no llega
y escuchando lo poco que te digo.

Pero me miras
y cuando hablas de historias que no conocía
desecho la escisión,
cuando hablas de filosofía y de tu padre,
cuando hablas de tus miedos y tus sueños,
cuando te miro, te quiero.
Y luego otra vez no dejo de buscarle motivos

a nuestros afanes y excusas a nuestros lapsus.

Pero después de tanto,

a ti ya no te digo perdón, sino gracias.

Gracias por esperarme, por mirarme,

por la paciencia, por la confianza,

por este fragmento de día, por el día entero,

por este pedazo de pan, por el pastel completo,

por tu vida, por la cantidad que decidas

darme de ella.


Notaste el miedo en mi ceja inquieta,

descifraste mis deseos, desvelaste mis miedos,

descubriste la sensibilidad de mis brazos.

Me enseñaste más de mí misma que nadie,

me quisiste mucho antes de que yo

entendiera porqué.


Nos acerarnos de una manera incidental

que se volvió esencial.

Y mientras hablamos de tierra, en nuestros ojos

cabe el cielo que no entra por nuestras bocas.

Tú y yo no necesitamos la lengua,
creamos un lenguaje entre pestañeos,
nos confesamos mirándonos.

Podríamos mirarnos toda la noche
y aún nos quedarían cosas por decirnos.

Hay hilos enredados que no hemos tejido,
has ido rompiendo barreras y poco a poco
ya reconozco el amor de tus ojos.

Tus ojos desmienten lo que dices y haces,
tal vez por eso son mi parte favorita, porque me
cuentan cosas de ti que jamás podrías explicar
y que yo jamás podría describir.
Son casi tan grandes como tu amor
y tan sinceros como tu miedo.

Qué difícil explicar lo que me haces sentir,
lo intenté hasta con un gíglico.

A veces te miro

no para saber qué pasa contigo

sino para saber

qué pasa conmigo cuando te veo.

Porque en ti encontré

respuestas sobre mí misma.


Yo no paro de encontrar preguntas

y tú no paras de asentir al silencio.

Me gusta que asientas al silencio,

como respondiendo a las preguntas

que aún no te he hecho.


No paramos de pensar, hasta al besarnos.

Nos reconozco cuando te miro.

No sé si son tus ojos grandes, tu ternura a flote

o tu temor flojo pero te veo, mejor que a nadie

porque te entiendo y me entiendo al verte.

Te conozco cuando te miro

y me amo cuando te miro

¿por eso no dejo de mirarte?


Repito las preguntas,

porque mis circunstancias cambian.

Rodamos en argumentos circulares esperando

llegar a algún lado.

Tenemos el mismo zapato roto,

no podemos ignorar que eso nos deja

con dos pies izquierdos para bailar.

El problema nunca fueron las preguntas,

ya teníamos la respuesta

sólo que no nos favorecía

y preferimos seguir mirándonos.

Eres la única persona con quién puedo

mirarme así,

la única que realmente busca

encontrarme dentro de mis ojos.

Eres la primera persona que veo

querer entender todo de mí.

Jamás había vivido tanto interés en unos ojos.

Nadie se había atrevido a conocerme tanto

como tú.

Tú eres mi memoria cuando olvido.

Lo que amo de ti está en tus ojos,

no puedo decirlo, sólo verlo. Y te veo.

Cuando me abrazas te siento sonreír

a mis espaldas.

Eres el primer amor que entendió que

tenerme cerca era escucharme y no tocarme,

que podía caminar sin mi mano en la suya,

que abraza para sanar y no para hurgar,

eres el único que sabe que el calor de mi cuerpo

no está en mi piel sino en mis ojos,

que prefiere guardar mis labios para oírme,

el único que pregunta por mis miedos en vez de

mis sueños, el que buscaba lo más oculto en mí,

porque no tenía miedo de encontrarme, tenía

pasión por conocerme. No tenía prisa conmigo

porque descubrió que yo soy de fuego lento y

tiene la paciencia para verme hervir.

Entonces te volviste la única persona a la que le

digo que no estoy bien. Llorar contigo es mejor

que con cualquiera porque tú tienes el amor en

los ojos.

Nadie antes me había querido con los ojos

Tú me quisiste al cuestionarme

y me hiciste el amor al mirarme.

Me amaste desde tus ojos hasta los míos.

Me enseñaste que hay más,

y me hiciste querer más,


y es por eso que me voy.


Amando cada plan de fin de semana, cada
noche de teatro, cada madrugada de escuela,
cada lágrima en mi pecho, cada beso fugaz en
el metro, cada carta en hoja de libreta, cada
roce de manos, cada grito ahogado en mi
hombro, cada enfrentamiento en la huida, cada
abrazo eterno en las calles, cada paloma nueva
en la esquina, cada comida vieja, cada secreto
en la noche, cada pregunta en la mañana, cada
te amo en las sábanas, cada te apoyo en las
dudas, cada vamos en la lejanía, cada consuelo
en el miedo, cada pausa en medio del ruido,

cada mirada a mis ojos que me recordaba

donde estaba yo,

porque si de algo tienes el mérito

de ser el primero

es que tú me enseñaste

cómo quiero ser amada.


Y cuando vuelva a amar,

será con los ojos,

justo como tú me amaste.

## Manos llenas

Tú no tiemblas al amarme.
Colocas en mis manos tus secretos sin dudar.

No sabía qué hacer con tanto de ti,
tenía las manos llenas
pues no quería soltar nada de mí,
a pesar de que tus manos
se posaban abiertas a mí.

Tenía las manos ocupadas y tú libres.
Yo no sabía darte,
¿cómo confiar en unas manos que dan todo?
Tu amor me reta.

Creí que no cabría más en mis manos,
pero al darles tanto
hiciste que crecieran.

**Tus**

Tus ojos que flotan cuando piensan

y nadan cuando aman.

Tus labios que bailan cuando sueñan

y mueren cuando callan.

Tu amor que canta cuando abraza

y grita cuando suspira.

### Contigo no se hace tarde

Tú no me robas tiempo, me das tiempo.
Cuando crees que me has robado una hora,
me has dado una conversación que recordaré
cuando tenga 70 años.
No me quitas una tarde, me das una mirada que
me tendrá sonriendo toda la semana.
No te llevaste 5 minutos, volverán a mí dentro
de un año cuando te extrañe.
Extiendes el tiempo con tu risa que la sigo
escuchando cuando estoy en casa y tú ya estás
dormido.
Vences al tiempo con tus caricias que siento al
amanecer cuando tú ya te has ido.
Engañas al tiempo con tus ojos vidriosos que
me acompañan en las noches que me siento
sola.
Vivo con prisas y tú haces que la luz del Sol
no se mida. Te abrazo para que me des más
tiempo.

El tiempo no se detiene cuando me miras, pero

se duplica cuando tú te detienes a verme.

No me quitaste, me diste.

Tú le quitas poder al tiempo.

Tú no haces que el tiempo corra,

haces que el tiempo nazca.

Contigo el tiempo no se acaba,

haces que exista.

Contigo los días no finalizan,

vuelven a comenzar.


Porque contigo no se hace tarde,

amanece otra vez.

### Lunas de Octubre

Jamás te vi tan claro como cuando estuviste
bajo la luz de las lunas de octubre.

No sé si es el mes,
la noche
o tú mismo;
han de ser las noches de este mes contigo.

Entonces me pusiste hambrienta de ti.
Quería devorar tu voz y beberme tus ojos.
Merendar tu piel
y masticar una por una todas tus historias
y si alcanzaba tal vez,
saborear tu vida.
Me apetencias de mañana a noche.
Aprendí a desayunar tus anhelos
y a cenar tus miedos.
Y al probarte me nació el apetito.

A mí me confunde tanto amor.

Y desde que te conocí
no has hecho más que confundirme.

Eres como la luna en el día.
Ya no sé si te quiero más en las noches
o en las mañanas.

Octubre parecía un mes de relleno
hasta que te conocí,
desordenas tantas cosas en mi mente
que le asignas un nuevo lugar a todo.
Te sientes como mudarme.

Hago planes a escondidas con tus ojos.
No te cuento cuánto te quiero
porque me asusto de escucharme.

Jamás sentí una conexión con la luna
hasta que me pediste que la mirara
mientras me tomabas de la mano.
Desde entonces
no dejo de buscarla en todos lados.

¿Sabes que ahora río cada que veo la luna
llena?

Este octubre entendí que no sé qué es el amor.
Estas lunas me llenaron de calor el cuerpo.
Este tú me tiene escribiendo en gradación.

La luna se ha de sentir como tu piel,
la noche ha de pesar como tu ausencia
y octubre ha de abrazar como tu voz.

En este mes me estuve midiendo.
Casi te robo un beso mientras dormías.
Casi te grito en un coraje.
Casi te dije que tenía miedo de mí misma.
Casi te enseño mi Diario.
Casi te miento.
Casi te amo.

Un jueves del mes a las once de la mañana te
abracé sin miedo,

te vi sin dudas y te quise sin tiempo,

quiero querer así siempre;

querer como miramos las nubes:

sin juzgar o dudar,

con ganas y sin prisa;

quiero querer con paz en mis ojos,

sin pena en mis manos,

y con aire en el pecho.


Adoro como te ves concentrado,

gimiendo, soñando, amando.

Y me encanta imaginarte de niño,

con esa ternura y humor que conservas,

con esa luz que salvas.

Pero sobre todo me gusta recordarte dormido,

con esa calma en los labios,

tus dedos junto a tu cuello,

tus ojos volando

y tu confianza en mis manos.

Disfruto de tu nula quietud del cuerpo al dormir

porque es como recostarse junto a las olas del

mar.

Supe que me había enamorado de ti

cuando te vi cantando aquella tu canción.

Supe que iba a amarte

cuando empezamos nuestro primer proyecto,

juntos.

Y supe que no te quería en recuerdo

cuando en mi mente ya no te conjugué en

pasado.


Estás más cerca de lo que nadie ha estado.

Te leí el texto que jamás le dije a nadie,

escuchaste a mi madre llorar,

te expuse mis conclusiones sobre mí misma.

Te mostré que tengo miedo, coraje, lujuria y

amor.


Te quiero querer mejor,

aunque se acabe octubre y la luna se vacíe,

aunque nos vayamos a ratos y yo regrese

perdida.

Aunque no sepa por qué y vayamos sin un para

qué.

Te quiero querer mejor porque amar es

aprender.

Este octubre perdí un miedo.

Esta noche envolví mi alma en tu cuerpo.

Y tu cuerpo le dio piel a mi alma.

Tú me amaste con tus ojos como siempre.

Los vi llenarse

de lágrimas, de amor, de dolor,

de ti, de mí, de nosotros;

puedo ver cómo cabe la luna entera en tus ojos.

Esto fue apenas el punto de partida.

Siento que voy trotando

para agarrar vuelo contigo.

Despertar queriéndote

es como seguir durmiendo.

Quererte es respirar, es suavizar, es descansar.

Contigo tengo menos miedo.

Aún confío con pasos en hielo

pero ya te miro con manos de arcilla.


Pocas canciones entienden lo que significas

porque tú no estás en las letras

sino en las melodías.

Tú no eres palabra, eres viveza.


Contigo el amor no duele.

Contigo el amor reposa.


Volvámonos turistas en cualquier lado,

mirando las palomas

y fotografiando las esquinas.

Bailemos aquella canción que quieres

bajo la lluvia,

y la que quieres en la sala,

y la de la ducha,

y la de la cama.

Inventemos ritmos con las manos
y forjemos ruido con los pies.
Hagamos otra vez música con nuestra piel.

Que hagan eco nuestros besos.
Que hagan nido nuestros dedos.

Retorzámonos de la risa
mientras hacemos el amor.
Juguemos a amarnos
hasta que se acaben las ideas,
hasta que agotemos todas las formas de amar.

Terminé octubre de tu mano,
sintiéndome en el eje del amor,
besándote bajo las aves volando,
tal vez con una duda colgando del cabello,
pero el cabello se cae y mis manos no.
Ahora sé más que antes,
ahora sé de qué tengo de miedo
y de qué tengo ganas.

El mes acabo queriéndote como empecé.

El día acabó aullándonos una canción.

Yo acabé queriendo más lunas.

No quiero terminar de escribir

como en Octubre.


Octubre fue tuyo,

Noviembre será nuestro.

Y Diciembre volverá cada año.

# INVIERNO

"Los besos que nos plantamos

no alcanzaron a florecer"

## Cómo quisiera

Cómo quisiera que hubiera funcionado,
haberme vuelto más loca por tu risa, haber visto
más aquella playa, haber dormido más en tu
cama, haber llorado más en tus brazos, haber
hablado más de mis sueños, haberte amado
tanto que ni todas las manos del mundo
alcanzaran para quitarme de tu lado. Pero
hubiera tenido que cambiar de pies, de encías,
de ganas, de miedos, de vida. Esto sería estar
deseando ser otra persona y el amor nunca me
haría eso.

## Reflejos

Mi casa con mi familia es el mejor lugar para
reír, jugar y bailar.

Pero no puedo quedarme y formarme aquí.
¿Cómo el mismo lugar puede
sacar la mejor y la peor versión de ti?
Esta casa parece tener espejos en las paredes
que me reflejan en todos lados.

Mi hermana es un espejo de mí en el pasado,
mientras que mi mamá es un reflejo del futuro.
Y las dos me asustan.

Ver a mi hermana dudando, con miedo,
llorando sin poder explicar lo que siente, es
como verme a mí de niña, sintiéndome sola y
asustada, quiero protegerla y decirle todo lo
que quisiera que me hubieran dicho a mí.
Quiero abrazarla mientras llora pero, ¿qué hago
cuando soy yo lo que la hace llorar? Ella tiene
la hermana que yo nunca tuve, así que al irme
le estoy quitando más de lo que a mí me

quitaron ¿Cómo puedo irme?

Pero no puedo quedarme, o no quiero.

Me rompe el corazón verme al verla. Este lugar me achica, me entristece, no puedo quedarme.

No es que no quiera lidiar con ella, es el reflejo, es que no quiero lidiar conmigo misma.

Cuando escucho la voz de mi mamá unida a la mía, parece una misma. Reímos y gritamos en el mismo tono. Sin darme cuenta, ya regaño a los niños como ella, ya consuelo a los niños como ella, ya callo a los niños como ella, ya amo a los niños como ella. Me asusta verme al verla.

No quiero una casa llena de prisas, de coraje, desconfianza, de mentiras, de rencor. Este lugar me rebaja, me enfurece, no puedo quedarme.

No es que no quiera lidiar con ella, es el reflejo, es que no quiero lidiar conmigo misma.

Mientras que aquel antiguo amor es un reflejo de mi cobardía, donde me sentía débil y vulnerable. Nunca lo pude habitar del todo, sus cuartos oscuros siempre parecieran tener seguro y yo nunca me animé a tocar. Lastimo con lo que él me lastimaba.

Me enoja verme al verlo. Me encuentro hablando como él, mintiendo como él, riendo como él, actuando como él.

Por eso me fui.

No es que no quiera lidiar con él, es el reflejo, es que no quiero lidiar conmigo misma.

Todos estos lugares me incomodan porque son espejos de las heridas, de lo que soy.

Salidas que por un momento funcionan, porque puedo alejarme de los espejos pero siempre encuentro reflejos en el agua.

No puedo huir de mí misma.

No me distingo hasta que me ponen un espejo enfrente al que culpo de mi dolor.

Cada que cambio de aires, no quiero abandonar
lo que me rodea, quiero abandonar la sensación
de mí ahí. Entonces huyo. Pero el aire vuelve a
pesar en donde vaya.

Entonces ahora sé, soy yo la que está
regresando ese aire al respirar.

Soy yo el lugar incómodo. Soy yo la piedra en
el zapato. Soy yo donde no quiero estar, por eso
huyo, para evitar sentirme.

¿Cómo explicar que no estoy?
¿Cómo decirle a mi madre que la extraño
cuando está a mi lado?
¿Cómo decirle a mi hermana que se aleje?
¿Cómo pedirle a mi madre
que me ame diferente?
¿Cómo pedirle a él que sea diferente?
¿Cómo encontrarme caminando
al mismo tiempo que yo?

Digo que quiero conocerme
pero me mudo cada que me acerco a mí.

Siempre estoy huyendo, preguntándome por
qué el aire se vuelve tan pesado.
Pretendo que mudándome encontraré el hogar
que no tengo en mí misma.

Constantemente estoy viviendo en el pasado
o en el futuro, por eso continuamente estoy
nostálgica o preocupada.

Quiero estar donde sea menos aquí,
conmigo.

Lo más difícil de ser un *no-lugar* es que estoy
esperando todo el tiempo. Esperando algo
mejor, dejándome de lado. Repitiéndome como
canción: "Este no es el momento, esta no es la
persona, espera, espera. Lo mejor está por
venir, la mejor versión de mí aún no está.
Todavía no vivas, todavía no, espera, espera,
espera"

Tal vez por eso soy tan paciente,
me he pasado toda mi vida esperando.

**Ayer, ayer, ayer**

Tal vez sólo es la noche y la falta de mí misma
pero ayer te extrañé.

Ayer no era yo.

Sólo te extraño porque viniste,
si no te volviera a ver no recordaría
que te puedo extrañar,
pero viniste y recordé
que había olvidado cómo te sientes
y extrañé la profundización.

Ayer no era yo.

¿Dónde estaba ayer? Ayer estaba balbuceando.
Ayer te extrañé. Ayer casi te llamo otra vez.
Pero la noche lo evitó. Yo lo evité.
No quiero confundirte.
No tiene que ver contigo.

¿O sí?
                ¿Y si te llamo?
                        ¿Y si te llamo?

¿Y si te llamo?

Pensé que tal vez tu voz podría

traerme de vuelta

o alejarme de una vez entera.

Pensé que tal vez sólo era la noche

y la falta de mí misma.

Ayer no era yo.

Pero desperté y aún quería llamarte.

Si en la tarde aún quiero llamarte, lo haré.

Mejor en la noche.

Si en la noche aún quiero llamarte, lo haré.

Pero tal vez sólo es la noche y la falta de mí

misma.

### El amor distrae

De los tristes pensamientos nocturnos,
del tiempo, de los sueños personales,
de los deseos ajenos.

El amor te hace reír cuando quieres escribir,
te hace bailar en la calle cuando el semáforo
está en verde.

Tapiza el moho. Es una maceta encima de
una grieta en la banqueta.
Se arraiga a los zapatos.

Te recuerda cómo respirar cuando se va.

El amor te distrae del miedo,
te distrae del sueño, te distrae de ti mismo.

Te pone en pausa.
Te roba el día entero en ternuras y calenturas.
Aluza las esquinas y silencia las avenidas.

Distrae y enfoca.

El amor me calma y me acelera
con la misma constancia.

### ¿Soy lo que pienso o lo que hago?

Estoy cansada de creer que por mi tamaño

estoy obligada a ser mejor que una hormiga,

una hace más que yo en un día,

hace, hago, hacer, ¿qué es hacer?

Envidio tanto a mi yo de hace unos años

casi tanto como la del futuro lo hará conmigo.

Tal vez siempre ha sido así.

Siempre he querido más lo que ya no está,

lo que no veo, lo que no siento,

lo que no tengo.

Y tal vez es algo humano quererlo.

Pero ¿y no querer lo que tenemos nos hace

ingratos?

Algo tiene el espejo del baño que cuando lo veo

no me reconozco,

es como si al verme me dijera:

no sabes lo que viene.

Como si en algún momento lo hubiera sabido.

Hay algo que no cuadra,

¿A dónde me voy cuando mi reflejo no encaja?

No me gusta decir adiós ni me gusta quedarme,

vaya dilema,

jamás me he sentido atada a ningún lado

y sin embargo siento que cargo

con todos los lugares en los que he estado.

Cómo me encanta regresar,

suelo conversar mucho con el pasado,

nunca he podido despedirme,

de las personas,

de los momentos,

de mí misma,

de la que era.

Ya no sonrío como antes,

creo que siempre le he temido a no sonreír,

¿por qué me siento así?

Siempre busco darle utilidad a mis emociones,

no las dejo escurrir cuando

ya estoy haciendo velas con ellas,

utilidad,

siempre utilidad,

no existo sin hacer,

¿qué es hacer?

¿Hacer es el camino a ser?

¿Soy lo que hago? ¿O soy lo que pienso?

La vida es jugar a las escondidas con la muerte,

a menudo quisiera ser un gato

y no aspirar más que la noche.

Yo también miento,

frecuentemente amo menos de lo que quisiera

y otras tantas deseo más de lo que admito.

Yo he vuelto enemigas a las noches

¿Será que sólo somos verdaderamente nosotros

cuando nos recostamos en cama

y pensamos de noche?

Sin miedo a que alguien nos escuche,

con la libertad que da la oscuridad

al opinar sin ser juzgados al no ser vistos.

¿Soy lo que hago o lo que pienso?

Cada vez que miro al pasado,

no sé quién soy ahora.

Ya no soy lo que era,

y no sé si me gusta o preocupa,

¿cuándo deje de sonreír

o cuando empecé a mirar?

Siento que ahora nadie me reconocería,

me pregunto si yo me reconocería.

He descubierto que para llorar sólo hace falta

verme a los ojos frente al espejo

y darme cuenta de lo que hay

y que para hacerme enojar

sólo hace falta que ladre un perro.

Huyo,

huyo porque siempre quiero volver a empezar.

¿Por qué me aburro tan fácilmente de todo?

Tengo miedo de nunca sentirme satisfecha,

sobre todo de mí misma.

Ya le he dado mil vueltas a esto.

¿En serio estos estos son mis pensamientos más

frecuentes? ¿Eso es todo? ¿Si soy en lo que

ocupo mi mente? ¿Esto soy?

¿Soy lo que pienso o lo que hago?

Sonriendo puedo darme cuenta que estoy a
punto de decaer cuando sólo coloco música
para no tener que escucharme.

No hago planes

porque me da miedo no cumplirlos,

no hablo

porque me da miedo que no me escuchen.

Pero ¿y si no me escuchan

puedo hacer lo que quiera?

Quiero escapar,

quiero morir sobre el césped.

Y quiero escribir.

Escribir para sacar esto

Pero a veces eso es como ponerme un orden,

poner en una caja lo que siento

antes de poder derramarlo sobre la cama.

Es como si no quisiera ensuciarme de mí,

sentir en limpio,

ordenado

y a tiempo.

¿En qué clase de molde me estoy colocando?

¿Por qué tengo que escribir?

Necesito tener planes,

para tener algo que me ate aquí,

aquí, aquí, estoy aquí

y no estoy.

No importa, necesito tener planes.

Tener un piso donde mirar delante,

para pisar porque

sin plan no hay nada,

sin plan no tengo porque estar aquí,

necesito un suelo para mirar,

necesito tener a donde mirar,

necesito tener planes.

Necesito tener planes.

Mis viejas fotos tienen una sonrisa

que ya no consigo replicar,

¿cuándo me volví tan triste?

Me rasco los ojos y me araño la cara,

¿cuándo me llene de tanto odio?

Soy una marioneta de mí misma,

hasta para explotar tengo un molde,

tengo coraje de mi misma

por la prisión en que me pongo,

cuando me enojo o me entristezco

me castigo,

como si mis sentimientos fueran equivocados.

Tanto me prohibieron odiar

que cuando odio

me odio a mí misma por hacerlo.

La noche se ha silenciado ya

y yo no dejo de tener ruido.

Sólo cuando la noche vuelve a sonar

yo vuelvo a exhalar.

Quiero que cosas horribles me pasen

para ponerle un lugar a este dolor,

para llamarlo con un nombre

y no sentir que hablo con algo que no existe.

A veces no me reconozco, no sé cuál soy,

la que me detiene de salir corriendo

164

o la que me grita que no me detenga,

la que me exige que hable fuerte

o la que me pide que respire,

¿Soy lo que hago o lo que pienso?

-Tal vez maduré y ya no necesito ser entendida-

eso me digo para no creer que tal vez sí

me he vuelto más triste, más cansada

como si ser feliz fuera una cualidad

y que sin ella dejo de ser quién soy,

pero yo soy más que una sonrisa,

soy más que un bello día,

que una caricia que un te amo,

quiero molestarme, quiero gritar el odio que

cargo, quiero llorar hasta no poder respirar,

quiero estar aterrada, temblar del miedo,

ponerme roja de la pena,

porque soy más que una sonrisa,

soy golpe duro de palabras,

una cubeta de agua fría en la mirada,

un NO QUIERO.

Escribir es dejar de mentirme,

Escribir

es dejar

de mentirme,

mentirme,

mentirme,

MENTIRME

M E N T I R M E

Mentirme.

Escribir es dejar de mentirme.

De día hace calor y ruido afuera

de noche hace frío y ruido dentro.

¿Qué hay en la oscuridad que me da

tanto miedo ver?

Le tengo miedo al ruido que hay

al cerrar los ojos.

Cada vez tengo menos miedo a la muerte.

¿Qué duele?

¿Que no pueda hacer más que pensar?

Escribir y pensar

y pensar

y pensar

y pensar

y pensar

Y NO ESTAR.

Quiero volver a empezar

otra vez.

## ¿Qué me hace falta?

¿Tengo derecho a quejarme?

Ya me rendí con todos,

no quiero rendirme conmigo también.

Seguimos vivos pero estamos muriendo,

ya no me mientan, el mundo no ha mejorado,

sólo la gente se ha acostumbrado.

Mi vida no está en pausa, pero está en loop.

Me aterra no ser suficiente para mi libertad.

¿Desde cuándo la libertad me queda grande?

¿Cuándo creí que podía con ella?

No me hace falta nada, pero falto yo.

Lo tengo todo, menos a mí.

¿Tengo derecho a rendirme?

## La puta loca

De niña, imaginaba a la muerte como esa tía
lejana de la que se sabe su nombre pero en
realidad nadie conoce, me parecía ajena. Nadie
que yo amara la había conocido, entonces
pensé que tal vez no era alguien importante.

La primera vez que la vi se robó a mi pez. Supe
que se robaba las mascotas de todos mis
amigos. No entendía porque nadie la detenía,
como si fuera sólo una travesura.

Era fea, la persona más fea que había visto, no
quería estar cerca de ella porque escuché que
una vez hizo llorar a mi abuela, nunca supe qué
fue lo que le dijo.

Nadie la invitaba a jugar y supe que los que lo
hacían eran castigados. Y es que además de fea
era molesta. Después pensé que tal vez se
sentía sola y por eso se robaba las mascotas.

En la adolescencia me enteré que se colaba a
las fiestas, era tonta, grosera y desastrosa,

jamás conocí a alguien más aguafiestas. Yo siempre la evitaba, aunque debo admitir que hablé mal de ella con todos.

Yo siempre decía que no le tenía miedo hasta que un día sin avisar se me puso enfrente y su mirada me congeló, sus ojos me hicieron temblar. Ni siquiera me tocó cuando ya estaba pidiéndole perdón.

No la volví a ver aunque muchos comenzaron a hablar de ella, de pronto se había vuelto popular.

Fue hasta el día en que vi su silueta manejando el auto que me pasó rodando enfrente cuando lo entendí, llamaba la atención, reía fuerte y en realidad era ardiente. Todos crecimos y empezó a lucir diferente. Comencé a topármela en lugares extraños, muy específicos. Empezamos a reír, resultó que tenía buen sentido del humor, siempre que la miraba, me despedía riendo. Debo admitir que por segundos me hacía sentir en la orilla del mundo.

Mi familia la llamaba -puta- por recibir a tantos hombres solitarios y a tantas mujeres perdidas.

Mis amigos la llamaban -loca- por abrazar niños abandonados y besar a personas recién casadas.

Nos veíamos a escondidas ya que no sabía qué pensarían los demás si me veían con ella así que con esa sensación de riesgo y sin darme cuenta la muerte se volvió mi amante. No nos entendíamos del todo pero nos divertimos tanto.

Un día se quedó a dormir y hablamos toda la noche, la puta loca resultó estar más cuerda que yo.

Últimamente en las tardes de soledad he empezado a repasar más su figura y a veces recaigo a molestarla llamándola a escondidas en las noches. Y aunque ambos decimos que lo nuestro es sólo un juego, nada serio, podría jurar que una noche me ha volteado a ver con amor y yo no supe cómo reaccionar.

La invité a leer lo que escribía y me topé con que me entendía, era como si tuviera la respuesta a una pregunta que no sabía hacer.

Ella sabe callar lo que todos gritan. Su voz no tiene timbre, pero siento que si cantara, todo lo bello se volvería ruido, ella lo sabe y por eso no canta.

Llevo días soñando con ella.

Esa chica fea que siempre quise evitar, ahora juro que en la noche quiero que me abrace.

Ya no es la amante. Ya no me acelera, me calma.

Sus manos son frías pero suaves, sus ojos profundos ya no me asustan y sus labios que incineran ya me gustan.

Ella me mira honesta y me toca entera. Ella me abraza cuando todo me cansa y ella me ama cuando todo se va a la mierda.

Ahora entiendo a todas las personas que se arrastraban por ella, a aquellas que eran capaces de abandonar a sus familias por completo con tal de besarla, a aquellas que lo dejaron todo por una noche con ella.

¿En qué momento el miedo se volvió anhelo? ¿Cómo fue que esa mujer vulgar y sombría ahora es tan dulce y piadosa?

No sé, ¿no han notado que la muerte se ha puesto guapa con el tiempo?

### ¿Alguien la ha oído por ahí?

Siempre estoy buscando mi voz,
deseando que ahí se encuentre mi fuerza
pero parece que nunca la alcanzo.

¿Será que es más grande
de lo que alcanzan a ver mis ojos
y de lo que cabe en mis manos?

¿O es que se me cayó en algún tropiezo
y la enterré al salir corriendo?

## 8M

Qué fastidio
cuando envidio
el homicidio:
un involuntario excidio,
pero fue feminicidio.

Hace falta un subsidio,
hay mucho susidio
y poco presidio.
No, no fue suicidio

¿Otro feminicidio?

No sabía que rayar estatuas era deicidio
porque ustedes pueden hacer anidio

¿Pero yo cómo lidio
con otro feminicidio?

Mientras el gobierno se proclama nidio,
así que hoy insidio
que lipidio
hasta que no haya otro feminicidio.

## Qué sola

Quiero estar sola en el mundo
para andar desnuda un día de viento.

Quiero desconocer la diferencia
entre el día y la noche.

Quiero cantar sin sombras,
bailar sin pausas
y vivir sin ruido.

Quiero estar sola
para no medir el tiempo.

Quiero estar sola
para olvidar que hay reglas.

Quiero estar sola en el mundo
para cerrar los ojos sin oscuridad.

Quiero estar sola en el mundo
para que nadie me vea tener miedo,
pero entonces ¿quién
me verá cuando lo pierda?

Quiero estar sola en el mundo
para no conocer las mentiras.

Quiero estar sola siempre
para no conocer la atención.

Quiero estar sola siempre
para no saber de soledad.

Quiero estar sola
para no extrañar el amor.

Quiero estar sola en el mundo,
pero entonces ¿quién me detendría
de saltar de este puente?

Qué sola.

Quiero estar sola.

Q u i e r o  e s t a r  s o l a .

. . . e r . . e s . . .  s o l a .

. . . e r . . . . . . . a .  s o l a .

. . . e . . . . . . . . r . . . .  a

**Estar en casa**

Quiero irme a casa,
no, no a esa donde me siento inútil y vacía.

Quiero irme a casa,
no, no a esa donde me siento asfixiada y
furiosa.

Quiero irme a casa,
no, no a esa donde todos me miran.

Quiero irme a casa,
no, no a esa donde me siento sola.

Quiero irme a casa, ¿dónde está mi casa?

Quiero irme a mi casa,
donde sólo estoy yo
y donde no estoy para molestarme.

## Me adelanto a las palabras

Quiero pensar

que aún no existen las palabras

para expresar lo que siento.


Y que para cuando las tenga,

ya no las necesite.

## Pensamientos sueltos
## de una tarde en que fui feliz

Me conmueven las líneas que se forman en el agua, me divierten los patos. La risa de la desconocida en la casa de a lado puedo sentirla vibrar en mi garganta. Hay algo perfecto en la tarde de hoy que todo se siente completo, lo desabrido, lo frío y lo seco sabe bien. Agradezco cada cosa que respiro aunque parece que no necesito respirar porque ya tengo aire en el cuerpo. Mi espalda no separa, no se curvea. Hoy me hizo llorar el viento en mi cara y la risa de mis hermanos, que es la misma cosa. Hoy me hizo llorar la tranquilidad de mi madre y el sol en mis pies, que es la misma cosa. Hoy me pico una hormiga y hasta disfruté el dolor. Hoy quería sentir la vida entera. Hoy no me enojé. Y si lo hice me gustó. Qué bien se siente sentir el cuerpo una sola pieza.

Ya no lo siento.

Pero recuerdo que lo sentí y eso me da felicidad. Nunca olvidaré la Diana que fui hace unos minutos.

## Hallarme es fácil

Estoy en la pasta, el tinto, los trenes, el
viento, el teatro, las olas, el té, y la noche.
Estoy en las puertas cerradas, las ventanas
abiertas y los cajones repletos. En la madera
y los botones viejos. En las conchitas de mar
y las piedras de colores, en las monedas rotas.
En cualquier cuerpo de agua, en cualquier
árbol grueso, en las flores más pequeñas, en
las cosas a escala. Estoy en las risas fuertes,
en las colinas de pasto, en los tirantes de las
blusas, en las camas anchas y las chamarras
abiertas, en los libros a medias, en las
películas cortas, en las cosas perdidas, en el
pollo, las papas, el atole y la cajeta. En la
leche caliente por las noches y el jugo frío en
la mañana. En la brisa que enreda el cabello,
y el césped alto que se come los zapatos. Es
el swing, las bicicletas viejas y las flores
secas. Olvida mis manos, siempre estoy en la
punta de la lengua. Olvida mi risa, me

encuentras en el alto de mis cejas, olvida mis dudas, me encuentras en las promesas no cumplidas, olvídate de mí, que estoy donde me he quedado siempre.

## Sé

No sé si lo que tengo
vale lo que dejé ir.

No sé si lo que he aprendido
vale lo que dejé olvidar.

No sé si lo que soy
vale lo que dejé de ser.

Pero me fío de la seguridad de que
mi presencia vale cualquier ausencia.

Last night

my thoughts

lulled me to sleep.

I'm glad

to know that now

the voices in my head

have become lullabies.

## CARTAS A ALGUNOS AMORES

Hay amores que no llegaron a tiempo y no pudieron quedarse muchas estaciones, hay amores que llegaron antes y hay amores que llegaron tarde, pero lo que me hicieron sentir no tiene tiempo y aunque no pudieron quedarse en mi vida, se quedaron en el corazón de estas palabras.

**Si pensara sólo en mí**, te habría dicho que fuéramos a esa cita pendiente, pero pienso en que quizá te haría daño verme.

Si pensara sólo en mí, te habría escrito y te habría contado sobre el libro que me regalaste, pero pienso en que quizá te haría daño recordarme.

Si pensara sólo en mí, te habría dicho que te quedaras, pero también pienso en ti (o quizá por ti) que te haría daño esperar lo que no te voy a poder dar.

Tal vez sí pienso sólo en mí y en el daño que me haría la culpa de sentir que te puedo hacer más daño.

**Hace mal tiempo** para este amor,
hiciste bien en irte a tiempo.

**Cuando te extraño** escucho
las canciones que me mostraste
para sentir que platico contigo.

**Hoy llovió.** Y sonreí porque me acordé de él,
ya que solíamos discutir sobre cuándo fue la
última vez que llovió en la ciudad y nos
reíamos. Quisiera llamarle y decirle:

Hoy llovió.

**Ayer escribí hasta quedarme dormida** y perdí lo que había escrito. Así mismo me pasó contigo.

Ayer pensaba en lo raro que es arrancar una semilla para despedirse en la entrada porque la distancia entre el deseo y el consuelo hacen la transición entre el beso y el abrazo.

Qué raro es extrañar lo que no iba a pasar.
Qué raro es pisar el tiempo.

Conocerte fue irme sin saber quién eres.
Ojalá hubiera tenido más tiempo para decirte:
Qué raro eres.
Qué raro quieres.

Nada dices, nada expresas pero todo sientes.
Quisiera tener preguntas para ti, pero no nacen.

Ayer pensaba en qué raros fuimos y no llegué a una conclusión porque me quedé dormida y perdí lo que había escrito así como me pasó contigo.

**Yo no sé por qué** de repente tu compañía pareciera ser la adecuada estos últimos días. De pronto pareces la persona para hablar y escuchar, para reír, besar e incluso pensar.

Hasta ahora pienso en cuánto más nos faltó salir. Jamás te besé en público y apenas recuerdo cómo fue tomar tu mano. Ya casi olvido cómo se veía tu rostro al contarme una historia de tu infancia, tus ojos al sol, tu boca al perder y tu nariz al reír.

Ojalá pudiera decirte que salgamos hoy.
Ojalá la historia fuera distinta.
Ojalá leyeras esto y supieras que es para ti.

Pero no sirve de nada porque no puedo hacer nada con estas manos tan llenas de miedo y culpa.

Honestamente no me veía escribiéndote más pero de pronto quiero saber de ti…

De pronto quiero ir al cine contigo.

De pronto quiero tomarte de la mano.

De pronto quiero salir contigo.

De pronto los sentimientos llegaron…
con retraso.

### Para el chico del evento de poesía

Para el chico de voz sin pausas, con boca de micrófono y ojos de mentiroso, el chico con cuerpo de oso y sonrisa de ogro.

Para ti que estás en todos lados menos en mi mesa, que no sé nada de ti más lo que mi mente inventa.

Al chico que no me le puedo acercar porque siempre que lo miro mis ojos ya lo están besando.

Para el chico que no sabe que cuando lo escuché reír quise escribir poesía erótica.

Porque ha de besar con la misma confianza que con la que habla, ha de coger con la misma furia con la que recita, ha de amar con la misma honestidad con la que escribe.

Me gusta su panza que no esconde, su sonrisa que se opone a la inocencia, sus manos que le gritan a  mi ropa y su risa que me coge.

Qué ganas de que choqué con mi hombro, me guiñe con sus ojos bravos y yo entienda exactamente qué quiere, que me muerda la mejilla para luego coger en el baño mientras todos siguen tomando.

Qué ganas de que me ría entre los pechos, que me mire de reojo desde abajo entre mis piernas y que me jale del cabello desde arriba cuando esté entre las suyas.

Quisiera ahogar mis gemidos en su peso, oír cómo esa voz se agita en mi cuello.

Me excita tanto que alce la voz sin notarlo, que haga ruido al caminar, que parece no tener conciencia del término pudor y que le cause risa que exista algo tan estúpido como la vergüenza.

Quisiera saber cómo se siente su mano reseca y su cabello enmarañado, saber a qué huele su boca y cómo se siente su espalda, saber qué tan larga es su lengua y qué tan fuertes son sus dientes. Quisiera saber cómo se siente su peso sobre mis caderas, dónde pone sus manos cuando se excita y a dónde van sus ojos cuando se viene.

De nuevo estoy fantaseando con este desconocido en medio de tanta gente. De nuevo estoy pensando que se sienta en mi mesa, que me toma del brazo, me pone despistadamente su mano llena de intención en la pierna y sonríe descaradamente a mi boca enfrente de todos sin detenerse a notarlo, silvestre, travieso y asquerosamente honesto.

Cuánto deseo esa brutalidad abarcándome, ese calor embarrado, ese ruido entre mis piernas, ese perfume de piel, ojalá muerdas como masticas y aprietes como caminas.

Debería dejar de fantasear y hablarte, al menos saludarte, seguimos siendo extraños aunque acá (en mi mente) ya te he haya cogido tanto.

Me acercaría a saludarte si no tuvieras a una
mujer en las manos, me acercaría a hacerte
reír si no tuvieras a una mujer en los labios,
me acercaría a conocerte si no tuvieras ya a
una mujer en la mente.

Pero de hecho más que imaginarte
cogiéndome en todos lados, me gusta verte
enamorado, es bonito ver a ese animal salvaje
ser acariciado.

## El verano que duró 6 meses

Quizás el amor estorba para dormir
acurrucado, porque contigo nunca hubo
brazos hormigueados.

Quizás el amor estorba para salir a comer,
porque nunca hubo desacuerdos.

Quizás el amor estorba para caminar de la
mano en la calle, porque nunca tropezamos.

Quizás el amor estorba para tener buen sexo
porque contigo siempre gocé sin culpas.

Quizás el amor estorba para contar historias,
porque nunca herimos nuestros sentimientos.

Quizás el amor estorba para conocer
personas, porque contigo no hubo presión ni
expectativas.

Quizás el amor estorba para despedirse,
porque fue fácil no mirarnos de nuevo.

Quizás el amor estorba para hacer planes
porque siempre coincidimos.

Quizás el amor estorba en la honestidad,
porque nos aburríamos sin culpa.

Quizás el amor estorba en las noches,
porque nunca discutimos.

Quizás el amor estorba en las mañanas,
porque nos levantábamos sin extrañarnos.

Quizás el amor estorba los recuerdos,
porque cuando te recuerdo sonrío.

Quizás el amor estorba para vivir,
porque contigo fue sencillo.

Quizás el amor estorba para el amor mismo,
porque amarnos sin habernos amado en
absoluto ha sido el amor más honesto que he
tenido.

Porque hacer lo que el amor hace sin amarnos
ha sido lo más natural que he hecho, hacer
todo lo que el amor hace sin amarte ha sido lo
más sincero que he hecho.

**Ayer** desperté pensando en ti. Es extraño porque no soñé contigo ni me topé con tu foto que sigue en mi cartera.

Me acosté pensando en ti, pero ésta vez porque quería soñar contigo mientras veía tu foto que saqué de mi cartera.

**Ojalá pudiera describir** cómo se siente la sombra de una bicicleta lenta, el espacio de cielo entre las alas de un pájaro planeando, el caer de una hoja de árbol, el adiós momentáneo, el desayuno acompañado, las noches mudas, el reflejo del mar nublado, para poder describir cómo se siente la paz que después de ti ya no existe.

## Las cosas que nos amaron

Las cosas que nos oyeron amarnos:
La duela, la cama y los árboles.

Las cosas que nos vieron crecer:
El espejo, la ventana y el teatro.

Las cosas que nos oyeron llegar:
Tu casa, el tren y la cabaña.

Las cosas que nos vieron irnos:
Tu puerta y mi diario.

Las cosas que nos vieron ignorarnos no
hubieran importado si no fueran las mismas
que nos vieron amarnos.

Los amigos que nos vieron morir no habrían
importado si es que no fueran los mismos que
nos vieron nacer también.

Las personas que nos vieron extrañarnos no
habrían importado si no fueran las mismas
que nos vieron equivocarnos.

Los nosotros que se dejaron no hubieran
importado si no hubieran sido los mismos
que se aman hoy todavía.

## Tenía que decirlo

No importa cuántas veces pases por mi mente
mientras estoy en sus brazos porque sólo
encuentro que estoy justo donde quiero estar.

No importa que todavía sonría a tus ojos
porque con serenidad reconozco que sigo
enamorada de él.

No importa la electricidad que siento cuando
nuestras manos están cerca porque hace más
honesta mi decisión de estar con él.

No importa lo fácil que fuera hablar contigo
porque yo seguiré buscando las palabras para
hablar con él.

No importa todo lo que haya confesado sobre mí misma, porque él tendrá lo desconocido.

No importan los desayunos porque él siempre tendrá las cenas.

Y aunque con él busco todo lo que ya tenía contigo, contigo nunca pude tener lo que jamás tuve que buscar en él.

No importa que te extrañe en días tristes porque tus ojos sabían llorar mejor que los míos, porque él me aprieta el pecho hasta que pueda llorar yo.

No importa que supieras consolarme, porque él me hace enfrentarme a mí misma.

No importa que encontré la paz en tu casa, porque crearé un hogar con él.

No importa que jamás volveré a ver a tu madre, porque estoy haciendo amigas nuevas.

Contigo conocí la paz en el amor y la amistad en los amantes pero él me enseña el amor en las dificultades y la verdad en el compromiso.

No importa que contigo haya encontrado donde vivir en aquel mar del norte, porque cruzaré todos los mares con él hasta encontrar una ciudad donde quepa todo el amor que ya llenó dos ciudades.

No importan los planes que se fueron contigo, porque en realidad siempre estuvieron con él.

No importa que esto lo escriba dirigido a ti porque en realidad es para mí.

Y sobre todo no importa que lo sepas porque al final de todo, esto es una despedida para ti y una bienvenida para él.

**Sólo quiero que sepas** que en un momento de calma, yo pensé en ti.

Fuiste esa revelación en un momento lúcido. Ya no movida por las onduladas emociones que me provocas, ni influenciada por los consejos que confunden, ni controlada por mi aferrado uso de la razón, en un momento de calma donde era completa y simplemente yo, pensé en ti y me sentí bien.

**Espero...** ¿qué espero? En la tarde espero la noche y en la noche espero que llegues. A la mañana espero que estés aunque sea tarde, porque sé que cuando llegues será a tiempo.

**Quisiera escribir sobre el amor** que siento por ti sin declararme ciega.

Quisiera escribir sobre los bosques que se llenan con tu presencia sin tener que ocultar las manos espinadas.

Quisiera escribir sobre nuestros días sin
tachar las noches.

Quisiera escribir sobre la vida que me das sin
omitir detalles.

Quisiera escribir sobre el futuro sin tener mis
ojos mojados.

Quisiera que escribir de ti no hablara
mal de mí.

**Supongo** que si alguien leyera todo lo que
escribo sobre ti sabría que sin duda te amo
pero también sabría, mejor que yo misma,
que debería alejarme de ti.

**Nos quisimos** en silencio porque temíamos no ser correspondidos **y nos fuimos** en silencio temiendo ser olvidados.

**Qué fácil sería** culparte de las caídas que surgen de mi deseo de alcanzarte el paso, pero desde hace tiempo que ya no venimos por el mismo camino.

También culpo de las caídas a mi incansable deseo de entenderte porque hace poco leí que el amor es el deseo de entender al otro, entonces encuentro que busqué ponerme tanto en tus zapatos, olvidé dónde quedaron los míos.

**Es de noche y me siento sola.** Me siento sola y quiero que te vayas, porque tu compañía me hace sentir más sola. No me gusta lo que estoy viendo al escucharte. No me gusta lo que soy contigo aunque me veas sonriendo. ¿De dónde saco la fuerza para hacer algo? ¿Cómo dejar de culparte por estar corriendo cuando yo sólo quiero estar quieta? Me haces querer dormir más y estar más sola y ya me siento sola y te diré que no importa porque aunque no sé mentir tú tampoco sabes escuchar. Odio tu soberbia, te admiro más de lo que te amo, amo admirarte, pero no sé amarte sin que me apriete, no sé amarte sin que me pique, sin que duela, moleste, irrite, castigue, empuje, ahogue, desvele, penetre, quisiera dejar de competir contigo pero eso me evitaría ganar y yo también sé jugar. Me siento cansada, pero ni así quiero dejarte dormir solo aunque me sienta sola con tu oído junto a mi pierna, me siento sola con la puerta abierta me siento sola

con mi espalda curveada

y mi cabeza agachada

no te quiero aquí sino es con un fin y el único

fin ahora es que tu presencia me hace sentir

sola, tus palabras sobre ti mismo me hacen

sentir sola y menos capaz, siempre es sobre ti

porque ahora no quiero que sea sobre mí

porque me siento sola, no puedes escuchar,

no te quiero escuchar ya vete

porque me haces sentir

sola, me siento sola

contigo

yo no quería dormir contigo hoy porque no

quería admitir que me siento sola

porque quería escribir algo

y sentirme menos sola

cuando me voy a dormir

sola.

**¿Cuantas noches** llorando se necesitan para ahogarse?

¿Cuántas noches ahogándome necesito para decir basta?

¿Cuantas noches sin soñarte necesito para estar tranquila?

¿Cuantas noches felices sin ti necesito para entenderlo?

¿Cuántas noches se necesitan para cansarme?

¿Cuántas noches más?

¿Cuántas noches más así nos quedan para poder irnos?

¿Cuánta noches más nos quedan?

¿Cuántas noches más tengo que pasar llorando para entender que no estoy bien?

¿Cuantas noches más sin estar bien tengo que pasar para entender que esto no está bien?

¿Cuántas noches más te voy a seguir amando?

**Mi mamá nunca** me abraza. Pero esa noche que me rompiste el corazón en tu auto, ella me abrazó. Después de negarme tu amor, ella me dio lo que nunca me había dado. Al final obtuve algo más grande que lo que me habías quitado.

**¿Por qué no puedo** quedarme con el amor? ¿Por qué siento que debo regresarlo? ¿Por qué no puedo conservarlo? ¿Por qué ser amada se siente como una deuda? ¿Por qué acepto el rechazo como pago de la deuda que tengo con otros? ¿Por qué ser amada me pesa tanto? ¿Por qué siento que el amor es una deuda? ¿Y por qué prefiero el precio de la ausencia que quedarme con la deuda tan grande que me da que me amen?

## *PONLES TÍTULO*

A continuación te presento algunas frases cortas, de las cuales a algunas les falta título, te invito a ponerles uno, pensando en completar la idea de la forma que quieras, sólo tiene que tener sentido para ti.

Puedes cambiar el título a uno que ya tenga o agregar varios, incluso puedes extender la frase con lo que creas que le falta. En realidad, al final, puedes hacer lo que quieras con este libro, es tuyo.

**Amantes que jamás se conocieron**

Tarareaban la misma canción
en los labios de otros.


**Nublada**

Todo se pudre si lo guardas mojado
y yo me guardé todo el llanto.


**¿Sigue siendo una virtud?**

La paciencia me puede encadenar a tu espera.


**¿Qué le dijo el amor a la muerte?**

Encontré algo por lo que valía la pena
quedarme.


**¿Estás bien?**
Mis lágrimas saben a sus labios.

En mi oreja, el miedo hace eco.

---

La gran diferencia entre
el silencio de estar sola
y el ruido de sentirse sola.

---

Dejen de preguntarme cómo estoy,
¿no ven que intento no darme cuenta?

Tengo razones por las que –ya no–

y razones por las que –todavía–

Por favor, desempátalas.

Sentir vergüenza
es una traición a mí misma.

El vacío se llena
cuando aprendes a nadar en él.

**No te necesito para amarte**

Veo la casa y noto que
has estado en cada esquina
y en las que no, te imagino.


**¿Qué le dijo el olvido a nuestro amor?**

Nunca pude.


**Es decir, bésame**

Escríbeme buenos días en los labios.


**Hoy el cielo está despejado**

Cuando caigo, miro al cielo
y cada nube es una esperanza

Nuestro último beso sigue en mi boca.

La tristeza se siente como la gripa

parece que nunca se irá

y de pronto sin darte cuenta

ya puedes respirar.

Todo lo que digo sonará vacío

si tus oídos son huecos.

Ya intenté de todo contigo, menos... irme.

## Modales

Estamos tan desesperados
por comer la verdad,
que olvidamos masticar antes de tragar.

## Pero es inmortal

La tristeza es la única que
sabe morir con dignidad.

## ¿Lo agendamos para mañana?

He querido extrañarte estos días
pero se me ha pasado la tarde.

## La historia más larga del mundo

¿Por qué?

La mano que necesitaba
estuvo a mi lado siempre.

Tengo ganas de soñar contigo hoy
pero tengo miedo de extrañarte mañana.

Me arrebato yo misma de tu lado
y me arrojo yo misma a tu recuerdo.

### ¿A qué hora amanece?

Cuando me miro al espejo.

### Terribles consecuencias

Coger me da ganas de amar.

### ¿Qué querrán ellas?

Quisiera apapachar a la lluvia
y zurcir a la luna
para que se quedaran siempre.

### Antes de decidir...

¿Arrepentimiento a corto plazo
o arrepentimiento a largo plazo?

Te quiero de 9 a 12

de 12 a 4,

de 4 a 8

y de 8 a 12.

A  las 12 am te sueño

y ya no te quiero


porque te tengo.



El dilema del camino

no me hará dudar de mis pies.



He tenido sueños tan maravillosos

que al despertar se volvieron pesadillas

al darme cuenta que no fueron reales.

## No existen los adultos

En realidad todos lloramos como niños
y amamos como adolescentes.

Los adultos no son más que
niños que no quieren llorar
y adolescentes que no quieren amar.


## No todo te sale bien

Sabes pronunciar mi nombre
para hacerme volver
pero no para hacerme quedarme.


## Váyanse todos

El amor aparece cuando me quedo a solas.

---

Cuando el cielo se tornó gris,

noté que mis zapatos eran azules.

---

Creí que quería ser poema,

pero en realidad quería ser poeta.

---

Salir y conocer a otros,

volver y desconocerse uno mismo.

---

Permanecer con mi esencia en la jaula

o entregarme al domador.

### El silencio

Cuando te llamo es el único que responde.


### Está aquí

Preguntarme si creo en el amor
es como preguntarme si creo en el oxígeno
que me tiene con vida.


### Por eso leo poesía

Busco palabras tristes que me acompañen los
pies fríos que me dejaste.


### Merecemos ser quien queremos ser

Dedícate todo lo que escribo
que yo me dedico todo lo que tú eres.

El pasado es donde posamos la mirada
cuando pesa sostenerla.

---

La vida siempre me trata bien,
soy yo quien trata mal a la vida a veces.

---

Es curioso que el amor
siendo algo tan viejo
se sienta tan nuevo.

---

Sólo ella es capaz de romperme el corazón
para armarlo de nuevo.

## AGRADECIMIENTOS

Gracias a José Carlos por siempre ser el primero en leer lo que escribo, por confiar en mí y amar mi trabajo, por ser honesto y decirme cuando no es así. Gracias por nunca dejar que me detuviera.

Gracias a mi tía Araceli por ser la primera persona que me escuchó leer lo que escribía en voz alta, gracias a mi abuela Catalina y a mi familia por siempre creer en lo que hago, por darme un lugar seguro donde crecer.

Gracias a mi hermana Sarai que me mostró lo mucho que puedo amar a alguien, gracias por ser una inspiración y ser extraordinaria.

Gracias mamá por ser mi madre, gracias por ser tú y hacerme quién soy, gracias por equivocarte y por acertar, gracias por ser humana y ser maravillosa.

Gracias Rafa por ayudarme a redescubrir el amor una y mil veces, por la repetición y el cambio, por las noches de dolor que me hicieron escribir tanto y las mañanas de amor que me hicieron seguir amando. Gracias por alzar mi voz, gracias por llenarme de vida, por tanto amor que ya no sé dónde poner.

Gracias a Edgar por enseñarme que el amor es paz, gracias por tus ojos con los que ahora me miro a mí misma, gracias por confiar en mí cuando cedía a dudar de mí misma, gracias por ser la voz que recuerdo cuando necesito calma, gracias por ser más de lo que pedí.

Gracias a todas las personas que me escucharon, me amaron y me apoyaron.

Gracias a Alejandro Robles por su talento e ingenio para crear las ilustraciones de la portada de este poemario.

Gracias a Amazon por crear una plataforma que hace posible que yo esté publicando esto.

Gracias a todos los que leían mis escritos antes de publicar este libro, gracias a todos los que lo compraron ahora. Gracias a todos los que me dieron la oportunidad, gracias a todos los que leyeron hasta acá.

Gracias.

El ruido que

sólo yo escucho

y quiero que alguien lea.

# ÍNDICE

ESCRITO POR DIANA GEELE

DERECHOS DE AUTOR